梦山书系

结构 素养

——基于核心素养提升的结构教学研究

孙 敏◎著

海峡出版发行集团 | 福建教育出版社

图书在版编目（CIP）数据

结构·素养：基于核心素养提升的结构教学研究/孙敏著. —福州：福建教育出版社，2020.11（2022.1 重印）
ISBN 978-7-5334-8747-8

Ⅰ.①结… Ⅱ.①孙… Ⅲ.①小学数学课－教学研究 Ⅳ.①G623.502

中国版本图书馆 CIP 数据核字（2020）第 085180 号

Jiegou·Suyang——Jiyu Hexin Suyang Tisheng De Jiegou Jiaoxue Yanjiu
结构·素养——基于核心素养提升的结构教学研究
孙　敏　著

出版发行	福建教育出版社
	（福州市梦山路 27 号　邮编：350025　网址：www.fep.com.cn
	编辑部电话：0591-83727542
	发行部电话：0591-83721876　87115073　010-62027445）
出 版 人	江金辉
印　　刷	北京一鑫印务有限责任公司
	（北京市顺义区北务镇政府西 200 米　邮编：101300）
开　　本	710 毫米×1000 毫米　1/16
印　　张	10.5
字　　数	166 千字
版　　次	2020 年 11 月第 1 版　2022 年 1 月第 2 次印刷
书　　号	ISBN 978-7-5334-8747-8
定　　价	28.00 元

如发现本书印装质量问题，请向本社出版科（电话：0591-83726019）调换。

序

学科育人：自觉行走在数学教育研究之路上

这本书，是一位来自教学一线的数学教师25年自然积淀而又着力研究的成果，字里行间充溢着教育情怀和教育智慧。

初识孙敏老师，缘于2018年的一个访学项目，南京师范大学聘请我为她的实践导师。5月初的一天，她到我学校听了我的一节三年级随堂课《分数的大小比较》，第二天，她就交给我一篇5400字的听课心得《自主学习，在自由与恰当之间升华》（后发表于《教育研究与评论》）。字里行间，感受到她发自内心的对学生主体和数学教育的尊重，对唤醒学生灵活思维和创造活力的渴望，对激活和培养学生自主发展意识与自主学习能力的思考。

在此后的一个多月里，她时常来听我的随堂课并进行交流。从交流中能捕捉到她对课堂教学有着自己清晰的认识，了解到她所在的学校、所带的市级工作室在以"结构教学"为抓手进行学科育人价值的研究。确实，每个学科都有其独特的育人价值，教学的每一个内容都可育人，教学的每一个细节都在育人，教学的每一个时机都能育人，其差异在于你是否意识到这样的契机和责任，并能有意识地捕捉和利用。之后，她主动加入了我作为主持人的省级名师工作室，在这样一个学习共同体中，我们又有了更多的交流与研讨。

6月底，孙老师发来《结构·素养——基于核心素养提升的结构教学研究》这本书的初稿请我审读。这既是孙老师对25年教学生涯的回顾与梳理，也是她对所在学校数学组10年结构教学和3年工作室研究的总结与提升。

读她的教育主张，从相信学生的理论基点出发，她循着静悄悄的课堂变革，去寻找学科与育人之间的关联。可以发现在"新基础教育"的浸润下，她多了一份沉静、少了许多浮躁，多了一份思辨、少了许多盲从。她明确自

1

己作为数学教师的使命，那就是：站在儿童的立场，用数学的眼光，构建教与学互动的过程，"建设自由的、开放的，具有研究性和生长性的数学课堂"，努力实现"关注每一个、成长你我他"的目标。

读她的研究策划，"基于核心素养提升的结构教学研究"，将我们从"教"的视角深入"学"的领域，思考结构教学与核心素养之间的相关性和适切性问题，思考结构教学何以能在培养核心素养中发挥独特作用。她将对数学课程育人价值的挖掘与课堂教学的变革看作一个整体，从教材研读方法、学生分析视角和教学策略方法这三个维度入手，整体策划，系统把握，描绘具体路径。

在此基础上，她的实践探索试图从"四大领域"的学科知识结构化出发，充分开发其教学内容、教学过程的育人价值，通过有效的结构化教学设计和实施，提升学生的核心素养。每一个领域的具体内容都以"是什么、缺什么、开发哪些育人价值、如何开发"这样的逻辑展开，既有相关理论的检索与引证，更有来自实践的鲜活案例和有效策略，读来生动具体。孙老师还把日常教学中冷门但重要的复习教学作为单独的内容展开，对单元复习和总复习两种类型的课型特点、意义价值和教学策略进行梳理，尤其是不同年级的递进目标设计和"教结构、用结构"的指导策略，都具有实际的指导意义。

读完这本书，我欣喜且期待。

欣喜的是，数学教学研究之路上多了一位同行者，可以共同探索更美好的数学教育。

期待的是，孙老师继续在教学中贡献更多的智慧，获得更多的成长；期待孙老师能带领身边更多的数学老师一起，专注且踏实地行走在教学中，为数学教育改革提供更多新创造、新经验；期待更多的老师能够像孙老师这样，在工作与研究中收获职业尊严、自豪与幸福。

南京师范大学附属小学　贲友林
2020 年 3 月

目 录

第一章 我的教育主张

第一节 基点：相信孩子
一、理念，在经典学习中明晰 …………………………… 3
二、信念，因生命实践而确立 …………………………… 6
三、主张，从教海求索中产生 …………………………… 10

第二节 路径：静悄悄的革命
一、对核心概念的思辨 …………………………………… 19
二、对关键问题的变革 …………………………………… 20

第三节 思辨：学科与育人
一、在立场确认中把握学科与育人 ……………………… 24
二、在关系辨析中认识学科与育人 ……………………… 26
三、在个性解读中确立学科的育人价值 ………………… 29

第二章 我的研究策划

第一节 选题：基于核心素养提升的结构教学研究概述
一、什么是核心素养 ……………………………………… 33
二、什么是结构教学 ……………………………………… 35
三、当结构教学遇到核心素养 …………………………… 37

第二节 策划：基于核心素养提升的结构教学研究路径
一、结构教学理念下的教材解读 ……………………………… 38
二、结构教学理念下的学情解析 ……………………………… 44
三、结构教学理念下的实施策略 ……………………………… 50

第三章 我的实践探索

第一节 "数与代数"教学的育人价值开发与策略研究
一、结构教学理念下的数概念教学 …………………………… 61
二、结构教学理念下的数运算教学 …………………………… 69
三、结构教学理念下的估算教学 ……………………………… 80
四、结构教学理念下的度量单位教学 ………………………… 94

第二节 "图形与几何"教学的育人价值开发和策略研究
一、结构教学理念下的图形概念教学 ………………………… 101
二、结构教学理念下的图形测量教学 ………………………… 111

第三节 "统计与概率"教学的育人价值开发与策略研究
一、结构教学视野下的统计教学 ……………………………… 121
二、结构教学视野下的概率教学 ……………………………… 131

第四节 "实践与综合运用"教学的育人价值开发与策略研究
一、实践活动教学育人价值的开发 …………………………… 138
二、实践活动教学策略的生成 ………………………………… 139

第五节 复习教学的育人价值开发与策略研究
一、结构教学视野下的单元复习教学 ………………………… 144
二、结构教学视野下的总复习教学 …………………………… 148

后　记

结构,孕育成长的伟力 …………………………………………… 154

第一章 我的教育主张

　　教师是一种职业，也是一门专业，更是一项事业。职业要求教师具备一定的职业能力，遵守一定的职业操守。专业要求教师既要具备专业的知识、技能，又要具备一种包括服务和奉献精神在内的专业伦理知识。事业则要求教师对教育的内涵、本质和价值等问题有理性的认识，并形成坚定的信念和个性化的表达。作为一名新时代的教育工作者，我努力梳理自己对教育的理解，并将之转化为积极有效的教育研究，在实践中检验并提升自己对教育的认识，也在一次又一次认识的提升中发展和完善着自我，并逐步形成了自己的教育主张。

第一节 基点：相信孩子

儿童最伟大之处是"可能性"，它意味着生命伟大的创造。我坚信，为儿童提供充足的时空，尊重儿童，信任儿童，期待儿童，必将让儿童在其童年力量的推动下，走上学习之旅，在回归儿童生活的实践中成长为一个主动健康发展的人。在解读学生、落实数学、推动成长的过程中，教师的儿童立场更加清晰，教学策划力逐步提升，互动智慧也悄然生长，教师也就在每一天真实的实践研究中幸福成长。

一、理念，在经典学习中明晰

我喜欢读苏霍姆林斯基的书，他的著作中没有高深的理论，没有深奥的实验，有的只是对教育对象——孩子深沉的爱，以及基于日常细致观察和精心实践的对教育元素持之以恒、深入不懈的探索和研究。

我最崇敬和爱戴的教育家是华东师范大学的叶澜教授，她几十年如一日扎根基础教育改革领域，专注最基层学校生存状态的改变，致力于唤醒教育工作者的生命自觉，为时代新人构建校园新生活。

虽然他们的理念和研究方式不甚相同，但他们相信孩子、尊重孩子，用心灵去塑造心灵的思想，是我永远应该尊崇，并为之不断努力趋近的理想追求。虽然，随着科技的发展，可以用越来越多的认知科学、发展心理学、神经科学等先进的科学理论去理解和解释孩子的学习和成长问题。但是，他们更愿意把孩子看作一个完整的人，更希望把孩子向着一个"人之所以为人"的方向去引导和培养，而不仅仅把孩子当作认知研究的对象、学科学习的主体。

1. 敬畏生命，尊重和唤醒真实的每一个。

苏霍姆林斯基说："从在学校工作的第一天起，就要善于发现，并不断巩固和发展儿童身上的一切好的东西。"

确实，走进集体生活的孩子是最敏感的，他们最容易感受到老师和同学的善意或恶意，在最初的阶段，呵护孩子的自尊，帮助孩子建立自尊，强化自尊，是比任何小红花和表扬更有价值和意义的。

要做到这一点，首先是从内心真正把孩子当人，当成跟老师一样平等的、有尊严的人去看待。其次是努力去发现每一个孩子身上的闪光点，去发现他正在感兴趣或努力的方向，真诚地赞赏他，努力为他创设发展和展示的平台。第三是不要怕孩子犯错，因为"一生中从未犯过错误的人是很难找到的"，对待犯错误的孩子，既要给予真诚的同情，对发生的事表示惋惜，也要坚持原则，那就是在他得到惩罚或自觉地改正错误的同时，依然平等地、一如既往地对待他。第四是努力引导孩子扬长避短，不断培养和巩固优秀的品质，让孩子的心田中"优点像幼苗分蘖似地迅速分枝"。

正如叶澜教授在《时代精神与新教育理想的构建——关于我国基础教育改革的跨世纪思考》中提出的：真正人的教育，是充满着生命活力的人的教育；教育不是简单的现存知识直接传递的过程，而是生命与生命的交往与沟通的过程，只有有了这种生命的沟通，才能深刻地实现对生命发展的影响。要从生命和基础教育的整体性出发，唤醒教育活动的每一个生命，让每一个生命真正"活"起来。

只有这种对生命发自内心的敬畏，才能让人真正地沉潜于教育中，研究学生，唤醒学生，发展学生。

2. 发展生命，关注并帮助具体的每一个。

苏霍姆林斯基说："在对一个集体进行教育时，必须了解这个集体中每一个儿童不同的精神世界，细心地教育每一个培养对象。"

我们每天面对着一个庞大的学生群体，如果把他们看作抽象的人，那么，教育就缺少了生命的意义。只有把每一个孩子都看作活生生的、具体的、有差异的、可发展的人，我们的教育才有了充分创造和开发的空间。作为一名教育工作者，是幸福的，因为我们每天面对的是鲜活的生命，从事的是具有创造意义和生命价值的事业。

叶澜教授在"生命·实践"教育学派信条中，用"教天地人事，育生命自觉"来解读教育，并提出基础教育需要致力于"三底"。一是为人生打好"底色"，养成向上、阳光、明亮、温暖的心向和态度，这是给孩子一辈子的财富。二是形成"底蕴"，包括对外部世界的适应、生存能力、习惯和行为方式的培养，也包括自我的意识和实现自我发展的能力。三是认清"底线"，有底线意识，人长大了才能成为好公民。底色、底蕴、底线，"三底"是基础教育阶段重要的养成和需达成的目标。有此"三底"，孩子才有幸福人生，社会才会有健康公民。基础教育就是这样重要的"人"之养成阶段。由此，教育才能实现人的生命质量的提升，体现人文关怀的特质。

诚然，个体与集体有着相辅相成的关系，无数个丰富的、精彩的个体汇成一个优秀的集体，一个优秀的集体影响着每一个个体的成长与成人。

以集体为单位进行的评价，能够促进集体中的每一个孩子自觉地向着同一个方向去努力，在此过程中，要特别关注和帮助暂时落后的孩子，使他感受到集体对他的期待和给予他的支持。

在集体生活中学会关心他人、用自己的所长帮助他人，那么，就能少一些"利己"，多一些"达人"；在集体生活中学会承担义务、用自己的努力去为集体创造，那么，就能少一些"小我"，多一些"大我"；在集体生活中体验规则与道德，用自己的纯真去感召家庭和社会，就能少一些"陋习"，多一些"文明"；在集体生活中点燃精神生命，用自己的特长为未来生活奠基，就能少一些"盲目"，多一些"向上"……

敬畏生命，因为生命不可重来，而教育往往影响终身；敬畏生命，因为每一个生命都是有价值的，而教育就是引导这价值向上向善；敬畏生命，因为每一个生命都是独特的，教育不是抹平差异而是发展差异；敬畏生命，因为每一个生命都是鲜活的，教育就是点亮的火种，拂醒的春风；敬畏生命，因为每一个生命都具有可能性，教育就是通过生命发展生命，成就生命。

二、信念，因生命实践而确立

教师首先是一名儿童研究者，是影响儿童发展的最积极、最活跃的因素。面对儿童发展的无限可能，要从"生命·实践"的高度，给予充分的时空，以尊重、宽容、期待的心态对待儿童，让他们在体验中感悟，在实践中发展。我坚信，尊重可以唤醒儿童自主发展的意识，让他们在自尊自信中成长为独立的人；我坚信，期待可以激发儿童自我发展的动力，让他们在挑战攀升中成长为坚韧的人；我坚信，宽容可以提升儿童自我发展的能力，让他们在自省自觉中成长为"大写的人"。

1. 以尊重催生儿童自主发展的意识。

每个孩子，身材相貌有分别，智力发展也有区别，但尊重的需求与生俱来，因此，把学生当作完全平等的人来看待，本身就具有强烈的教育功能和示范作用。

在数学教育中，要尊重每个孩子的思维方式，不管它是完美的还是幼稚的，只要它是符合学生的原有的认知水平，是在原有基础上的一种创造性活动，是对他自己来说新颖的、前所未有的认识和体验，我们都应予以肯定和尊重，并积极地回应，同时积极地挖掘这一宝贵资源。有的孩子爱联想类比，有的孩子爱大胆假设，有的孩子爱想象推理，不论何种方式，他们都想从自己的已有知识结构出发，去探索和发现新的知识。对于他们的主动探索和实践，我们应提供帮助，让他们有各行其道、各抒己见的空间。

而要做到这一点，关键是在教学实践中保持良好的沟通与反馈，并注意其广度、深度和力度。

在广度上，要有宽广的教育视野，对不同层次的学生能均匀分布视线，把每一个学生都放在心上，给每个学生发表自己意见的机会，设计开放性的、包含不同思维层次的问题给不同的学生，让他们有表现和发展的机会。

在深度上，不满足与学生的一般性接触，而要努力实现与学生心灵的沟通，尽力捕捉学生眼神中的话语和话语的未尽之意，通过及时点拨，使学生尚不成熟的思路清晰起来，尚不完整的想法立体起来，自我修正尚有错误的想法。

在力度上，强调教育的激发力，用教师的聪明才智激起学生的创造欲。每一轮思维碰撞，都应该趁热打铁，用"从刚才同学的发言中，你们受到了启发了吗""现在，你又有了什么新的想法"等等，以一个点带动一个面，并以螺旋式上升的方式不断扩展、递升，促进学生产生新的思考与发现，培养学生的探究意识和科学精神。

2. 以期待激发儿童自主发展的动力。

心理学研究证明，在人际交往中，一方充沛的感情和较高的期望可以引起另一方微妙而深刻的变化。作为教师，就要以充满期待的心理和言行，激发学生的自我超越。

期待学优生的自我超越。学习习惯好、思维敏捷的学生往往在学习上表现为领先，但这也带来一定负面影响，一种表现为沾沾自喜、自满骄傲，另一种表现为心理压力特别大、患得患失、害怕失败。在学习中，可以常常与学优生交流分析——为什么总是离满分差一点点？为什么总不愿意在别人面前说？为什么别人说过了就不敢说？为什么别人说得比较好的意见不能接受？帮助他们正视自我，调整心态，放下负担，轻松前进。

期待中等生的自我超越。中等生在课堂中是比较缺乏关注的群体，如果他们不争取表现的机会，就可能被教师遗忘，远离课堂学习的中心。因此我们要给予中等生鼓励。当看到他们脸上流露出参与的渴望时，要多把机会给他们。当他们回答了一半说不下去时，可以对他们充满信心地微笑说："不要急，试着说出你的想法。"当他们回答正确时，给予热情的鼓励，增强学生的信心和自豪感。形成"赞许——努力——成功——自信——再努力"的良性循环，促进学生不断萌发上进的心理，实现自身的超越。

期待学困生的自我超越。老师情感的天平，常常会不由自主地倾向优秀的学生，对学困生来说，信任、期待和爱心，更为宝贵，更需要。适时、恰当的评价，能激发他们不懈追求的勇气和信心。一是把握评价时机，课上出现的问题，尽可能课后解决；公开场合发生的情况，尽可能私下场合解决。经验证明，你越是给学生面子，他就越爱护自己的面子；你越是给他荣誉，他就越珍惜自己的荣誉。二是注意评价方式，应尽力发现他们身上的闪光点，因为表扬得勉强比批评得过分好。委婉含蓄的评价，可以在不损伤学生自尊心的基础上，矫正他学习、生活习惯上的错误。三是注意评价语言，要善于运用激励性评语，让学生感受成功的喜悦，这有利于学生心理的健康发展，让每个学生都有进步，都有收获。

3. 以宽容提升儿童自主发展的能力。

宽容，绝不是对学生错误思想、行为的漠视和放纵，而是教师教育过程中的一种方法，其前提是对学生的严格要求，目的在于给学生以改正错误的机会，并在此基础上完善学生的元认知，提升认识水平和学习能力。

宽容学生的拖沓。最让老师"头疼"的，是学生学习习惯中的拖沓，如不管什么事都爱拖到最后才完成，并经常为自己制造各种各样的借口。在教学中我会微笑着对这样的学生说："到中午你一定能交给我了。对吗？"或者在他作业本上写："有困难吗？我来帮助你？"爱拖沓的学生在这样的期待下慢慢改过来了，不仅能按时完成，还经常有既简单又快捷的想法或做法出现。

宽容学生的迟疑。小学生的思维还处于初级阶段，带有很大成分的具象性和片面性，而且学生由于表达能力有限，他们在思维上和表达上常常因遇到阻碍而产生迟疑或犹豫。我们要做的就是把"具象"引向"抽象"，由"片面"引向"全面"，由迟疑引向果断。在教学中，我们要时刻保持一颗童心，用孩子的话启发学生，用孩子的思维和学生引起共鸣，让孩子不以迟疑为羞耻，建立自信，不断完善自我，鼓起学习创造的勇气。

宽容学生的错误。学生是成长中的尚不成熟的个体，要从正面看待学生在学习中的差错，要从科学的角度理解学生在学习中可能出现的各种错误，要从发展的角度理解这些错误的价值，要允许、认同、接纳学生的错误。对所有学生，不能以统一标准衡量，不要苛求其结果，要将重点放在正确的答案和出现错误的原因分析上。要形成这样一种习惯，不要简单地说某一解答是"错误"，可以先说明哪些地方是对的，哪些还差"一点点"。哪怕回答完全偏差了，也可以对他的发言勇气或发言姿态给予肯定，或对他独特的思维角度予以肯定，看到其长处。

在数学教育中，树立以学生为主体的观念。关注学生，尊重学生，用心倾听每一个学生内心的语言，以发展的眼光看待每个学生，致力于探索创造生命力的课堂教学。师生不只是在教与学，还在感受课堂中生命的涌动和成长。也只有在这样的课堂中，学生才能获得多方面的满足和发展，激发起自我发展和超越的意识。

若干年前，曾写过一篇题为《理解"朋友"》的随笔，记录了我与孩子相处的点滴，更记录了因为尊重孩子、信任孩子、期待孩子而带来的对教育的美好体验。

理解"朋友"

自诩教学近二十年，对学生的性格、品质有一定的判断力，但这一对"朋友"，却让我对自己的思维方式产生了怀疑，也让我对教育有了更深的理解。

那是六年级第一学期，走进教室的我惊异地发现，老班"韦老顽童"发起了"挑选同桌"活动，我心里暗暗嘀咕：那些小坏蛋聚到一起可怎么收拾？

环顾四周，还好还好，小蒋还乖乖地坐在第一排，"三陈"还分得开开的，没有坐到一起。老班悄悄告诉我："我有言在先的，要选择对你有帮助的同桌，并且，最后解释权归老师。"呵呵，看起来六年级的孩子还有点自知之明了，还是知道自己要什么的。

咦！娜娜和君君怎么坐一起了，这两个会是好朋友？

这两个，有点不搭呀！娜娜高高胖胖，一头乱毛毛的短发，学习稳居后三，作业经常不带，被男生欺负了只会趴在桌上哭。君君大眼玲珑，白白净净，英语科代表工作兢兢业业，语文考试的最高分总是她。你说这两个怎么会是好朋友呢？

慢慢地，开始看到她们的"朋友"状态，上课两人常常窃窃私语，课后也总是两个人玩，娜娜的状态依旧，君君的成绩也开始直线下滑，怎么办？我课堂上提醒，批作业时提醒，但效果甚微。

那天，老班不在，"二陈"又发痴了，拿支修正液在娜娜头上乱点。当我看到时，娜娜已经独自在自来水龙头底下洗了又洗，哭了又哭，可是头皮上还是星星点点……我暴怒，发了大火，一怒坏小子欺软怕硬，做事没有轻重，二怒娜娜软弱不争气，不知保护自己。狠狠惩罚两个坏小子的同时，我用指甲帮娜娜轻轻地一点一点剥修正液，叮嘱她回家再用热水好好洗洗。那天，处理完这事，匆匆整队放学，满心郁闷往回走。楼梯拐角处，听到君君跟娜娜说："不要怕，你只要努力，别人就不会看不起你！"我转身避开她们，满心溢着感动：孩子，这就是我想对你说的，可我却没来得及说。

第二天，批作业的时候，君君和娜娜一起来了，我特地把她们俩留到最后，批完后，拉着两人的手，真诚地说："我很羡慕你们，找到了自己的好朋友，能说说你们为什么会成为好朋友的吗？"

娜娜说："我们都喜欢音乐。"

君君说："其实娜娜很善良。"

我说："你们俩都很善良，能够彼此关心，相互鼓励。"

得到认可的她们眼睛发亮，我继续说："在我的理解中，好朋友还应该相互帮助，相互支持。君君，你要做得更好，让娜娜以你为榜样！娜娜，你要努力，不要放弃自己，有问题多向君君请教，让君君以你为骄傲！"

两个孩子用力地点头，手牵着手回座位。

往后的日子里，我更加关注这一对好朋友，课堂上，两个人争着举手发言，发言完毕总是相互微笑示意。课后，娜娜偶尔少做了一点作业，君君就会悄悄地问她，并督促她赶紧补上。放学后，她们俩总是留下来一起走，一路走一路讨论着新找到的好曲子。

在期中形成性测试中，娜娜难得地上了90分，君君比自己考了100分还要兴奋。进入六年级下学期冲刺阶段，娜娜不再要老师费心讨作业了，开始学会为自己、为朋友而努力了，君君也进入高分稳定状态，我由衷地为这对朋友感到高兴。

毕业考试之前，老班韦老师悄悄告诉我，最近布置了一篇作文《我的老师》，君君写到了我，写到了对"朋友"的理解。我默默点头，是的，我也想写一篇，谢谢她们，让我对"朋友"有了新的理解。

三、主张，从教海求索中产生

二十四年的教海求索，让我洗去浮躁，不断追寻教育的本源。尤其是在与"新基础教育"相携相伴的这二十年，我更深地领悟教育。从以叶澜教授为核心的专家团队身上，我体悟着对事业的执着和教育研究的智慧创造。从王冬娟校长等前辈的身上，我看到对教育的虔诚和对课堂教学改革的实践创生。我对教育的主张，也逐渐浮出水面，开始指导着日常的实践。我希望：教育中，少一点教师的精心设计，多一点学生的用心准备；课堂上，少一点呈现的精美成果，多一点学生的原生态思维；学习中，少一点教师的滔滔不绝，多一点学生的自由争论；思考中，少一点已有的陈规陋习，多一点学生的原创生成……这加加减减并不容易，贵在理念的坚守和主张的明确。

2018年，是我生命成长中一个重要的节点。我有幸参加了常州市教育局组织的为期一年的高校访学项目，赴南京师范大学脱产学习一年。除了在南师大的理论导师徐文彬教授指导下进行读书、研究、写作，还有幸拜特级教师贲友林为实践导师。贲老师是南通师范的校友，虽只比我年长一岁，但却是我仰慕已久的名师。我在跟随他的同时，真切体悟他"学为中心"理念的落地生根，感受到孩子在这样的课堂上鲜活的生命姿态，更激荡于来自数学本身的魅力，我也有了教育主张的顿悟和明晰。

本学期，贲老师执教三年级，他带领学生以研究单为主线展开的自主学习，向我展示着一节节完全不同于传统课堂的"数学自主探究之旅"。以我听的一节"分数的大小比较"为例。

1. **温故知新。**

师：上节课我们已经交流了哪些异分母分数大小比较的方法？

生：画图法、通分法。

师：通分法也就是实现了什么？

生：转化成同分母分数。

师：是的，所以也可以叫作"化同分母法"。

2. **有备而来。**

师：还有没有其他方法呢？先以四人小组为单位进行交流。

教师巡视，指导各小组有序发言，学生在小组里说清自己的想法。

3. **质疑思辨。**

师：首先请××同学来介绍一下她的方法。

生$_1$：我是用"化小数法"。我举的例子是$\frac{1}{3}$和$\frac{2}{4}$，因为$\frac{1}{3}$等于0.3，$\frac{2}{4}$等于0.5，所以$\frac{1}{3}<\frac{2}{4}$。

生$_2$：我不同意，$\frac{1}{3}$不等于0.3，应该等于0.33333……

师：后面3写不完，怎么办？

生$_3$：用省略号。

师：这样的数怎么读？

生$_2$：零点三三三无限循环。

师：用到一个词非常好！还可以更简洁。

生$_3$：零点三三三循环。

师：是的，可以读作：零点三，三循环。这样表达清楚这个数的意思了吗？

【部分学生基于生活经验，知道$\frac{1}{3}$的结果是多少，但这个数怎么写、怎么读，表示什么意思却不甚清楚，教师顺应儿童实际运用的需求，及时给出相关读写法。这个过程体现了因需而教的思想。】

师：$\frac{1}{3}$到底等于多少呢？

生$_4$：（边说边很自然地上黑板写）$\frac{1}{3}$表示把1平均分成3份，10÷3=3……1，每次多1。

师：是多1吗？

生$_5$：把1个整体平均分成3份，可以把1看作10个0.1，平均分成3份，每份3个0.1，还多1个0.1，这样继续分下去。

师：是的，继续分10个0.01，10个0.001……

生$_6$：还可以这样想，$\frac{1}{3}$不满1，所以只能化成小数。

师：这种思路很好，但表达有点问题，你们听出来了吗？

生$_7$：不是只能化成小数，是只能化成比1小的小数。

师：他们都想办法证明了$\frac{1}{3}$不等于0.3，这两种方法有什么不同？

生$_8$：一种说明等于0.33……，一种是说明不可能等于0.3。

师：是的，一种是直接证明法，一种是排除法。

【教师带领学生抓住"化小数法"的方法继续研究，确保了课堂主线的鲜明。学生通过对分数意义的回顾，明确把分数转化成小数的方法是要"分"，也就要用除法来计算，当分子不够分时可以转化成更小的单位来分。这种方法的渗透，自然顺应学生的研究思路。教师在学生说不清、有口误的情况下予以及时的点拨和提炼，帮助学生初步感知了小数除法的算理。而两种不同的说理方法——直接证明法和间接证明法，更是对数学推理的有效渗透】

师：你知道$\frac{2}{4}$化成小数是多少了吗？

生$_9$：我们知道$\frac{1}{4}$等于0.25，那么$\frac{2}{4}$里有两个$\frac{1}{4}$，就等于两个0.25，就是0.5。

生$_{10}$：4份中的两份，就是一半，0.5。

生$_{11}$：$\frac{2}{4}$也就是$\frac{1}{2}$。

师：你是怎么知道的？

生$_{11}$：2÷2=1，4÷2=2。

生$_{12}$：我们前面画图时就知道了。

师：（边板书边说）$\frac{2}{4}=\frac{1}{2}$，这个过程叫作什么？

生：（七嘴八舌）约分。

【把$\frac{2}{4}$化成小数，既是检验学生对分数意义和分数化小数方法的掌握情况，又结合学生的感悟，从分数的组成和商不变性质两个维度，说明了学生猜想的正确性和价值，引出了五年级才会学到的"约分"的意义和依据，进一步鼓励了学生大胆猜想、小心验证的探索精神】

师：现在可以比较这两个数的大小了吗？

生$_{13}$：能了，（迫不及待上黑板板书）只要把0.333……和0.5的小数点

13

对齐，然后比一比，整数部分都是0，只要比十分位，后面再多也没有用了。

师：哦，0.5这个数小数点后面有几位小数？所以它叫作……

生$_{14}$：一位小数。

师：那就还可能有……

生$_{14}$：两位小数，三位小数……

师：为什么这个有无数数位的小数反而比一位小数小呢？

生$_{15}$：无数数位也没有用。你看它整数部分一样都是0，就看十分位，十分位5大，就不需要再比了。

师：（问上黑板汇报"化小数法"的那位学生）你知道$\frac{1}{3}$和$\frac{2}{4}$到底分别等于多少了吗？现在能比出它们的大小了吗？

……

【这一环节，教师有机渗透了小数部分有几位就是几位小数的概念，进一步拓展了学生对小数的认识。而对本应五年级学习的"小数的大小比较"，也从当前这个简单的例子入手，帮助学生初步感悟了"高位起，依次比"的方法】

将近三十分钟时间在师生全情投入、质疑思辨、互动生成中匆匆流逝，虽然一节课表面看只交流了一个方法，还给第二个方法"与1比"留了一点尾巴，但从学生充分地表达自我、数学认知自然地滚动生长的角度来看，却是价值深远。

也就是在这样鲜活呈现的课堂中，我捕捉到生命的脉动，更捕捉到教育主张的喷薄和清晰。

（一）给学生足够的时空去选择和创新

"自由"作为人之为人的根本标志，也是激发和引导学生自我发展的前提性因素。积极而富有创新精神的思维习惯，只有在充分自由的环境下才能产生。

1. 学习，从课前开始。

贲老师的课堂上，学生带着自由思考的结果——研究单而来。每一张学习单各不相同，但贲老师课前都一一梳理、分类、拍照。课堂上，他信手拈来，熟知每一位学生认识的角度和思考的进程，并转化为可供共同研究探讨的话题。每一份研究单都是学生对当下所研究的问题进行的独立思考和广泛验证，可能稚嫩，也可能包含错误，但谁不说"错误中孕育智慧"呢？最好的教育是用最简单的工具获得最大范围的知识。课前研究单的使用，是学生自主学习的标志，更是教师对学生的充分信任。相信学生，只要给他们充分的时空，他们就能发现更多，他们能表达得更好。

2. 交流，从小组开始。

开放的时空和开放的学习要求，必然生成丰富而有差异的资源。面对资源时的价值甄别和使用选择，是对教师能否紧扣教学目标和知识本质进行把握的考量。贲老师把对差异资源的分享和选择权也还给学生，学生通过四人小组之间的交流，进行信息交换，每一个学生都可以从其他同学的思考中获得新的启发，生成新的认识。四人小组交流即重心下移，给予每一个孩子交流的时空，让他们在相对熟识而安全的环境中先进行表达的练习，在表达中进一步梳理思路，为全班交流做准备。更为重要的是，学生通过小组交流，推出他们喜欢的方法，也达到了去粗取精、去伪存真的效果。

3. 讨论，从错误开始。

现代教学思想的重要内容之一就是，认为学生的错误不可能单纯依靠正面的示范和反复练习得到纠正，而必须是一个"自我否定"的过程，而"自我否定"的过程又是以"自我反省"与"观念冲突"为前提的。因此，贲老师为学生提供了一个适当的外部环境，利用学生对未学过的分数与小数转化的可能错误，及时引发全班讨论，促使学生从另一个角度——分数的意义，以另一种方式——除法，进行再思考，以求得新的深入认识。这既有利于问题的解决，又培养了学生的反思能力。

（二）在合适的时机用合适的方式引领每一个学生

布鲁纳认为"不论是在校儿童凭自己的力量所做出的发现，还是科学家努力于日趋尖端的研究领域所做出的发现，按其本质来说，都不过是把现象重新组织或转换，使人能超越现象再进行组合，从而获得新的领悟而已"。

从这样的理解出发，再来看贲老师的教学，那么他所有的"随心所欲"就都"不逾矩"了。因为不管学生对你的课程有什么样的兴趣，这种兴趣必须在此时此刻被激发；不管你要加强学生的何种能力，这种能力必须在此时此刻得到练习；不管你想怎样影响学生未来的精神世界，必须现在就去展示它。

1. 适时引发的探究才是真探究。

从课堂实录中不难看出，教师作为一个重要的组织者、引导者，并没有袖手旁观，而是适时地"煽风点火"，引发学生一次又一次争论：对0.333……这样的小数怎么读写？这样的小数怎么得到？这样的小数怎么比较？这看似超越了教材要求，但因为是学生研究中出现的真实问题，反映了学生的真实需求，学生很自然地接过老师递出的接力棒，展开激烈的讨论，也凭借自己的知识水平和理解能力给出了完满的答案。谁能说，这样的探究没有价值？谁能说，这样的学习不适合？

2. 恰当介入的提示才是好提示。

作为学生学习的参与者、合作者，教师在课堂上适时、恰当的提示和指导，是对学生学习的定向和激励，更是对学生力有不及时的支持和托举。课堂上，贲老师看似无心的一句点拨，却起到四两拨千斤的重要作用，引导着学生的思维深入。面对0.333……这个熟悉又陌生的数，教师追问"后面3写不完，怎么办""用到一个词非常好！还可以更简洁"，引导学生运用已有的经验解决新的问题。面对学生在解释$\frac{1}{3}$究竟等于多少表述不清时，教师及时出手："是多1吗"学生立刻明白，要用更小的计数单位才能表达……这样的提示不胜枚举。儿童是他自身前途和命运的真正意义上的代理人，教师所能做的就是与儿童保持一种体贴和坦率的关系，倾听儿童的心声，体验儿童的感受。信任孩子，就在学习中适时撤出，给孩子创造空间；而当问题出现时，又随时在场，发挥积极的修正、启发的作用，这才是真正的教学机智。

3. 适切引领的提升才是巧提升。

作为比学生先学了一步的先行者，教师还需在适当的时候用适切的方式体现教者的价值，用问题或结语的方式带领学生为自己的学习画上一个又一个圆满的句号。"现在这样表达清楚这个数的意思了吗？""他们都想办法证明了$\frac{1}{3}$不等于0.3，这两种方法有什么不同？""$\frac{2}{4}=\frac{1}{2}$，这个过程叫作什么？""为什么这个有无数数位的小数反而比一位小数小呢？"……面对看似"纷乱"的讨论现场，贲老师始终不急不躁，以一个又一个循循善诱的问题，让学生对问题的认识、对研究的结论展开更深层次的思考，形成更为清晰的认知。而这些看似举重若轻的话语，是教师对知识本质的透彻和对知识之间关联的清晰把握。

（三）每一位数学教师首先是个教育者

"育人"是实施教育的主导思想。把教育与人的幸福、价值、尊严、需要、全面发展和终身发展有机联系起来，以现代人的精神塑造人，以全面发展的广阔视野培养人，在义务教育阶段为培养和造就时代新人奠定扎实的基础，这是每一位教育工作者的使命。数学老师往往会把自己人为"矮化"，把自己仅仅定位为一名学科教师。殊不知，教学的每一个细节都在育人，教学的每一个时机都能育人，其差异在于你是否意识到这样的契机和责任，并能有意识地捕捉和利用。

1. 在适度挑战中培育积极主动、健康发展的人生态度。

儿童的心理天空应该是明亮的，阳光的心态会成为孩子一辈子的力量。抓住数学课堂这一主要阵地，为学生设置适当的挑战性学习要求，让学生主动想办法解决问题，成为自己学习和成长的责任人。其次，是在课堂推进过程中，不断对学生提出新的挑战，引发适度争论，引导学生在积极而又平和的学习氛围中，不断地超越自我原有的认识。

2. 在平等对话中培育彼此尊重、自觉担当的公民素养。

人格养成是内在力量的培育，社会需要有责任心的公民。自尊自信的人才会尊重人、相信人，并在彼此的尊重中担当责任，健康成长。对每一位学生的尊重，首先体现在对待错误的态度，那就是理解错误、善待错误，用一颗平常心、宽容心去对待学生在学习过程中出现的错误。在教师的示范下，学生虽然有争论，但没有嘲讽；虽然有差异，但没有高下之分。其次是体现在对学生的评价中，课堂上难免有学生走神、做小动作，教师不是简单批评，而是用这样的方式来抓回学生的注意力"他用的是什么方法""你听懂他的意思了吗"，这样的话语，既善意地提醒了学生，又促进了学生之间真实的思维碰撞和交流。

3. 在积极引导中培育独立思考、合作交流的基础学力。

每一节课都是学生生命历程中不可或缺的一部分，如果教师抱着这样的心态和认识走进课堂，那么他就会因敬畏生命而敬畏课堂，并将每一堂课都作为对学生基础学习力的奠基和自主学习力的培养过程。鼓励学生"有什么想法自己表达出来""有什么说不清楚的画画图表示""从这个认识出发还可以形成什么新的想法"……这样的方式不仅仅是鼓励，更是引导学生进行自主地、积极地、真正有意义地思考，从而使学生的自主发现能力、独立解决问题的能力乃至发明创造的能力得以提高或发展。将来离开学校时，能成为一个独立地继续进行学习、思考和发明创造的人。

4. 在主动思辨中培育批判思维、创造发现的科学精神。

教师在课堂中穿针引线，不做结论的判断者，不做学生争论的裁判，而是把思考、判断、选择的权利还给学生，引发学生的独立思考，并让学生在一次次独立思考的成功体验中获得学习的自信。而对学生直觉的猜想、大胆的预测，教师更是在给予充分肯定的基础上，提醒学生给出具体的验证、通过群策群力的验证才可以下结论。这种科学精神的渗透和培养也是数学课堂最宝贵的产物。

不敢说"听君一节课，胜读十年书"，但至少，这样鲜活的随堂课，让我看到，我所认同和追寻的理念有了真实的实践样态。在这样鲜活的课堂上，我感受到教师发自内心地对学生主体的尊重，对学生思维和创造的唤醒，对学生自主发展意识的激活，对学生自主学习能力的培养。

第二节 路径：静悄悄的革命

新课程改革之初，曾兴起读《静悄悄的革命》一书的热潮，我当时涉入实践改革不深，因此读得浮光掠影，很多名词觉得不甚理解，只从佐藤学先生多年观察和参与的教学改革案例中，看到我们在教学改革中存在的很多问题，产生了一些共鸣。时隔多年，再次捧起这本书，看到很多熟悉的场景，看到很多积习难改的问题，从而深深感觉教育改革的艰难与任重而道远，深深理解很多教育大家的忧思与期望。更深感教育改革，尤其是课堂教学改革，必须是静悄悄的革命。

一、对核心概念的思辨

1. 为何静悄悄。

社会多元价值观引领下，网络文化、娱乐文化、快餐文化让整个社会静不下心来读书、思考；教育系统中跟风追赶热点的浮躁心态让管理者不能静心教育、改革；学校被社会舆论、家校纠纷、评价制度驱逐着，老师没有时间在教室里静下心来观察学生、研究教学；学生也因为太快的学习节奏、太满的课程设置、太多的课后辅导，无法静下心来体验学习、实践生活。

教育是慢的事业，教育是静的事业。能如佐藤学所说专注地做三年，专注地面对自己学校的问题、自己课堂的问题、自己教师团队的问题，那么，不能说一定成功，但一定有变化，一定有发展。因为"这场教育革命要求根本性结构性的变化。仅此而言，它就绝非是一场一蹴而就的革命，因为教育实践是一种文化，而文化变革越是缓慢，才越能得到确实的成果"。

2. 是否要革命。

革命这个词不适合教育，因为它意味着推翻，意味着颠覆，是全盘否定意义上的大动作。而事实上，一方面我们的教育没有绝对的对与错、好与坏，任何时代背景下的教育都有其教育目标和社会功用，任何理念支持下的教育都有其社会必然性和适应性。另一方面，我们的学生是活生生的人，是不可逆转的生命，没有错了重来的可能性，因此，不适合激进的尝试和盲目的颠覆。我们在教育中用"改革""变革"，那是对已有教育制度、教育管理、教育方式的辩证思考和持续完善，不是一种否定另一种的批判，也不是从一种走向另一种的绝对。

二、对关键问题的变革

那么，静悄悄的革命，该从哪里改起？如何改？改成什么样呢？佐藤学告诉我们，问题在哪里，我们就从哪里改起。学生在校大部分时间是在一节一节课上度过，可以说课堂是教育改革的主阵地，且对学生生命成长具有不可替代的作用，但同时也是积弊最深、最容易虚假繁荣而难以触及根本的问题所在。而教研，则决定着一所学校的教学观念和课堂教学的品质，教研的方向、方式和成效，是教育改革落地的重要指标。

1. 从热闹的课堂改起，追寻安静中的丰富。

新课程改革以来，我们觉得课堂确实变了很多，从老师"一言堂"变成以学生为中心了，从静静地听变成活动一个接一个了，从一支粉笔一块黑板变成多种媒体轮番上场了，看似学生走到了课堂中央，成为学习的主体了。于是，一些课堂教学出现了"学生牵着老师走""走到哪里是哪里"的现象，影响教育目标的落实，学生之间的差异越来越大。主要有以下两种情况。

一是"无效"的"活"，形式上的"活"，缺乏思维深刻性。课堂上热闹非凡，解放了手、解放了脑、解放了嘴的孩子们你一言我一语，围绕一个话题你也想说，我也想说，无疑是图个表现"我也说过、表现过了"。发言积极性胜于发言，至于别人说什么，自己说的与别人说的有何区别，有没有新意，全然不顾。于是有一部分孩子就开始沾沾自喜,教师也逐渐发现,学生开始满足"都会了",而少有孩子再想去找出一点"我还不会"的东西来和大家研究。课堂上,学生表面上"活"了,但没有什么效果。

二是"无序"的动,是无重点的动,一味迁就个别学生的思维。片面追求教学过程的灵活机动,满足学生主动探索的欲望,而缺乏有机的调节和控制,也导致了教学过程颠三倒四,步子跨得过大,学生对基本知识都未能扎实掌握。我们不得不思考:"动态生成"是否也应围绕教学重点生成,"动态生成"的结果是否也应考虑其价值,考虑其需要性。

动态生成,首先是对教育过程生动可变性的概括。它是针对过去教育一成不变、一环紧扣一环的教育过程的重要修正和补充,它是顺应师生的主体性、积极性的充分调动后,不可预测的教育过程而产生的。但我们的教学仍应在认真钻研教学内容,紧扣教学重点和难点的基础上进行,而不能信马由缰。而先研究哪一个重点,先突破哪一个难点,以何种方式突破都是生动、可变的。其次,动态生成是一个交流调控的过程。从计划的教育过程到实际进行的教育过程,这本身就是一个动态的、不可预测的过程,它对教师素质提出了更高的要求。当新的情境、新的事物出现时,它需要教师有教学机智,对它作出及时的评价。如果是对本课教学有意义的,可以顺手拈来运用的,那就要及时肯定,并提供给学生学习或讨论;而当一些虽有意义但对本课并不重要或者是思维较好的学生的个别发现,那不妨放到下课或今后的练习课上再找时间讨论,以免影响教学的进行,不使大多数普通同学有被遗忘的感觉。

"热闹的教室"无可厚非,只要是在用心倾听的基础上的,只要是每个学生的差异都得到关注的,只要对话是在真正专心地被面对、被理解的,只要是能在多种意义的互动中不断走向深化的。反思一下,现实中课堂更多的只是在走向"形式"的热闹,走向趋于标准答案的不断琢磨和猜测。而教师因为有太多的教学任务,太明确的知识目标、技能目标,而选择性地听学生发言的内容,忽略听其"发言中所包含着的心情、想法",也就不能做到"关注并帮助具体的每一个"。

我们要追求课堂"安静而丰富"。它包含两个层次的意思:"安静的丰富"和"丰富的安静"。首先,是在安静的表象下,让每个学生有充分的时空去思考，去研究，去实践，去讨论，在此基础上生成丰富的基础性资源，尤其要关注的是"思路各异的'异向交往'"，因为这往往是学生思维的突破口或创造力之所在，形成真正"安静的丰富"。在此基础上，教师需要用恰当的方式组织学生对这些资源进行分析转化，走向"丰富的安静"。这时学生面对丰富的资源进行安静的辨析、安静的建构、安静的质疑，从而生成有层次的新的问题资源，于是安静的学习再次展开……以此螺旋递升的课堂，就摆脱了外在的热闹，真正走向以"学"为中心。

反观我们常用的课堂组织形式，追求热热闹闹的小组合作，学生更多时候是一起动手操作，或做完作业相互交流一下，合作的价值是否与热闹的时空效益相符呢？佐藤学指出，课堂教学既要像按照每个人的身体尺寸"量体裁衣"那样去对应每个学生的个性，创造课程，又要让各种学生的看法和想象相互碰撞激荡，回响共鸣的活动，所以称之为"交响乐团"。由此，教育改革对教师提出的新要求，就是历练课堂教学的新基本功：教师不仅要有宽厚的人文底蕴，能在学科知识之间架构桥梁；还要有精深的学科专业知识，能够在学生探索时提供扶持和引领；更要有开放的心态和开放的思维，善于从不同渠道学习，善于体悟和理解学生，善于整合融通各种资源，善于创造性地策划和推进教学活动。因为，"相互学习的教室只能从相互尊重差异的教室当中产生出来"，只有真正的相互尊重，才能营造宽松、自由的氛围，才能让学生自如地学习。

要"让每个儿童持有自己的课题，相互探究，相互交流，相互启发，成为'活动的、合作的、反思的'学习"，这在大班教学、统一进度的学科教学中是很难做到的，但是可以通过综合活动的展开去实现，比如综合实践课，比如班队活动，比如学科综合活动，等等。叶澜教授认为：综合活动不同于"学科教学"，更不是"活动课程""拓展课程"，它是以学生的成长需要为出发点，以主题和项目（不是学科）为活动构架，以学生的全程参与（包括策划、组织和总结交流等），主动承担责任，产生积极发展效应为开展活动的原则。综合活动一是要基于"儿童立场"，确立成长的视角，抓住成长的契机，努力寻找并综合有利于学生发展的各种资源来设计教育活动，让学生真正成为班级、学校的小主人；二是要建构在儿童成长的经历和知识体系中，构建在每个学校不同的文化根基与办学特色中，从而发挥出系统的、连续不断的、层层递进的力量。

2. 从程式化的教研改起，追寻贴地式的突破。

现代学校深深明白教育改革发展的根本在教师的发展，因此都很重视教师发展，关注各级教研。学校一方面大力支持教师走出去、请进来，参加各类学习研讨；另一方面排出时间、留出空间给教师进行校本教研。而这热闹的表象背后，教师教研的心态如何？教研的方式有哪些？教研效果如何呢？事实上，教师们参加教研的目的越来越功利，有课时认证的抢着去，纯研讨的不肯去。我们曾经做过一个调查问卷，不同学校、不同年龄层次的教师对教研内容、教研方式的需求存在很大差异。

因此，对学校"合作共同体"的建设，也应该是因校而异，因需求而异。如果是比较偏远的、薄弱的学校，那么，就要从增加教研的频度做起，也就是老师们"开放心态，肯彼此敞开教室的大门，愿意为了改变而坐到一起进行对具体问题的分析和探讨"。

如果一所学校的教研已经形成了稳定的机制，教师们对相互探讨不存在心理障碍，那么要做的就是深入，从围绕教材的研究、授课过程的研究以及提问、指导的研究等而展开的研讨，转向把学生的学习状态和教师的态度作为讨论的中心问题，每个教师都作为教育专家而共同构建一种互相促进学习的"合作性同事"关系。

当然，还有一些学校，前期进行了大量的基于内容的研讨和基于学生的研讨，急需新的挑战，那么，就可以走向基于课程的教研。"21世纪的教师应具有创造学习型课程的才能。一个要求学校具有独立性、教室具有个性的时代已经到来，而具体地表现这种独立性和个性的，就是课程。"这对于教师而言具有很大挑战：一方面，教师需要打破熟悉的学科教学的框架，进行主题化的策划和设计；另一方面，教师需要突破常态的课堂教学模式，探索适应不同主题学习的研究方式；同时，教师也需要在过程中不断学习，学习相关专业的知识，学习研究性学习、综合学习、主题学习等新的学习方式的策略。当每个教师都要带着自己的学习方向致力于教学研究时，教学就具有了创造性。

只有学校静下心专注教育教学，教师静下心来研究学生和课堂教学，学生静下心来面对学习和校园生活，教育的一切美好愿景才成为可能。因此，为了美好的教育理想，我们需要"静悄悄的革命"。

第三节　思辨：学科与育人

当前深刻的社会改革发展转型，要求教育改革向纵深发展。教育是面向未来的事业，社会呼唤教育要培养"能把握自身命运、具有时代发展敏感性和社会责任感、能创造中国未来"的一代新人。基础教育阶段学校是最根本、最全面、最质朴的育人阵地，学科是最基础的、有组织的、浓缩的人类文化精华，学科的育人价值是学校教育育人价值的基础性构成，关注并研究学科育人价值是实现培养目标的可行之路。

一、在立场确认中把握学科与育人

成尚荣先生在《儿童立场：教育从这儿出发》一文中写道："教育的立场应该有三条基准线：教育是为了谁的，是依靠谁来展开和进行的，是从哪里出发的。"因此，我们首先要思考的就是：儿童立场与学科立场，学科为本还是育人为本，是矛盾还是统一？是一件事的两个方面还是一个融合共进的整体？

诚然，分科教学作为学校基本教学方式在我国已有近百年的历史，是人类文化普及、继承机制形成和发展史上的一次伟大的超越，在学校教育实践中具有基础性地位。而学校、教师对学科教学的价值判断，对教学理论的理性思辨，对教学形式的实践变革，直接影响着教学改革的方向与进程。

长期以来，学科教学缺乏清晰定位。一方面，学科的育人价值因追求考试成功的价值取向被局限在掌握知识上，导致学科教学育人价值的日益窄化；另一方面，在课程改革的过程中，有的人又简单地把学科教学的外延等同于生活的外延，不是关注学科本身，而是更多地关注学科负载的内容或形式，造成学科教学育人价值的泛化。

近代以来，许多学者对学科价值及其教学问题都进行过探讨。李特尔（Jeadum Ritter）指出，世界上除了自然科学外，还应有人文科学，两者应当是兄弟关系，相互需要和补充。他看到了不同学科知识对于生活的价值。赫尔巴特（J. F. Herbart）在19世纪撰写《普通教育学》时就提出，普通教育应培养学生多方面的兴趣。一是观察认识自然界及周围环境个别现象的经验的兴趣，这是对事物到底是什么的兴趣；二是思考事物"为什么"的思辨兴趣；三是审美兴趣；四是人际交往兴趣；五是对政治和社会的兴趣；六是宗教兴趣。由此引起人们关注教育教学实现多种价值对于学生身心健康成长的意义。杜威（John Dewey）曾对于由学科知识所构成的逻辑知识与学生经验之间的关系，清晰地论证过知识的育人价值。他指出，强调经验对于学生学习的重要性，不等于否定知识的价值，因为知识有利于学生从具体经验中超越出来，快捷地清晰发展的方向。

仔细解读修订后的课标、教材，其实不难发现：几乎所有的内容调整、要求改变都是基于学生的知识体系、现实背景、身心特点和学习规律而进行的，是对儿童的顺应和引领。义务教育阶段的数学课程，其基本出发点是促进学生全面、持续、和谐的发展。它不仅要考虑数学自身的特点，更遵循了学生学习数学的心理规律，从学生的已有生活经验和学习经验出发，让学生亲身经历将实际问题抽象成数学模型并进行解释与应用的过程，进而使学生在获得对数学理解的同时，思维能力、情感态度与价值观等诸方面得到进步和发展。

由此可见，数学教学应以育人为目的，以人的发展作为出发点和归宿点。它作为独特的使用运算符号和逻辑系统的话语系统，是学生认识世界的一种工具，也是学生在学习中需要进行的一种思维活动和思维方式。学生运用数学的眼光、数学的语言、数学的思维观察和认识周围世界，建立规则，超越规则，表达规则，从而体验数学独特的思维之美。

基于这一独特育人价值的新型数学课堂，应该是动态的、开放的，更应该是从容的、和谐的。它给师生充分的时空去选择和创新，它将真实的问题情境与真实的问题探究有效融合，它在层层递进的过程体验中提升方法、形成策略、培养思维，真正将数学特有的认知结构、学习方式、思维方式与学生自主学习能力的培养结合起来，指向学生的主动、健康发展。从数学学科独特的育人价值出发对教学过程的重建，包括目标的有效选择和设计、教学内容的整合和拓展、教学行为和学习方式的改进。我们的课堂若能满足儿童的需要，提升学生的需求，让儿童成为真正的探索者，学习便成了"快乐之旅"。

因此，教师的使命就是：站在儿童的立场，用数学的眼光，策划教与学互动的过程，努力实现"关注每一个、成长你我他"的目标。

二、在关系辨析中认识学科与育人

1. 学科育人价值与学科教学的育人价值。

学科育人价值，绝不仅仅是德育意义上的育人，用叶澜教授的三层面育人价值来概括：一是学科共同层面，即培育"主动、健康发展的人"。二是学科独有层面，即认识在学校教育中学科的独特价值在于育人，在于学生的发展，而不在于学科知识自身的创造和突破，此时的学科应具有丰富和发展学生生命的意义。学科的独特育人价值要从学生的发展需要出发，来分析不同学科能起的独特作用，每个学科在认知积淀、学习路径、情感态度、文化精神等方面都具有不同于其他学科但又相互补充融合的一份滋养。比如语文学科对遣字造句的把握，对情感价值的认同，对自然历史的感悟；数学学科对数据计量的敏感，对关系方法的把握，对简洁抽象的体验；英语学科对语音语调的感知，对构词行文的体悟，对文化差异的认识；体育学科对强健其精神，野蛮其体魄，发展其社会性的不可替代的价值……都是学科独特的育人价值。三是落实到具体课堂教学层面，就是通过重心下移、开放互动、结构关联的新型课堂，为学生提供认识、阐述、感受、体悟改变自己生活在其中，并与其不断互动着的、丰富多彩的现实世界的理论资源；为学生的形成并实现自己的意愿，提供不同学科独具的路径和独特视角，发现的方法和思维策略，特有的运算符号和逻辑工具；为学生提供一种唯有在这个学科的学习中才可能获得的经历和体验，才可能提升的独特学科美的发现、欣赏和表达的能力。

唯有如此，学生的精神世界的发展才能从不同的学科教学中获得多方面的滋养，在发展对外部世界的感受、体验、认识、欣赏、改变和创造等能力的同时，不断丰富和完善自己的生命世界，体验丰富的学习人生，满足生命的成长需要和认识自我，发展自我意识与能力。

2. 学科育人价值与学科教学策略。

在以往的教学实践研究中，教师们也在积极提炼育人价值的实施策略，往往会从课外背景资源的开发、课内差异资源的挖掘、知识本身结构、教学的过程结构、学习的方法结构等维度去把握和提炼，但一方面缺乏对学科育人价值的把握，缺失了上位的统领和路径，另一方面都是点状的经验之谈，缺乏系统的策划和提炼，也就难以普及与推广。

基于学科育人价值，需要以课程论为基础，进行"系统"与"综合"的实践创新。"系统"体现在以学科课程为主线，基于教育目的和学校培养目标，整体策划校本化的教学内容、教学过程与教学评价，探索出学科育人价值校本转化的策略。"综合"体现在通过整合若干相关联的学科，依据儿童心理需要、兴趣，加强教学与自然、社会的联系，以更广泛、综合的课程内容和课程实施，立体设计以"主题"为单位的学科活动，以价值综合、过程开放、效能多元的活动体验促进学生的个性发展和综合素养提升。

3. 学科教学与人类文明、学生社会生活。

改革开放以来，中国发生了巨变，从"站起来""富起来"到"强起来"，面临着近代以来从未有过的复杂大变局和发展新希望。当前学科教学存在许多认识误区和行为偏差，如认为应试教育的改变需要冲淡甚至否定学科，把教学等同于学习等。确实，只为应对考试而进行的教学是学科教学的异化。学科教学是学生人生中超越个体经验束缚，跨进人类文明宝库的捷径；是综合理解人类各项社会活动，进而研究问题、解决问题必不可少的基础。它需要源于学生的学校生活、社会生活，但又必须高于生活，是基于生活的整体架构和价值提升。

因此，首先，我们需要坚守基础教育对人类文明传承和个体生命成长的基础价值，在基础教育阶段老老实实做好最基本的学科教学。基于人类文明的传承进行再创造，无此，则难以成就人。

其次，我们需要认识到：学校要有责任意识，师生要有责任意识。师生承担社会责任的集中体现是开展学科教学和综合活动，这是师生学校生活的基础性构成。学校要通过对学校文化与时俱进的更新和阐释，使之适应并引领师生发展的需求，引领学科教学的价值取向和发展变革。

最后，我们要立足课堂教学：教学是师生共同推进的过程，教师与学生、教与学是课堂教学中不可分割的整体组成，是师—生、教—学协同依存、交互反馈的合作共生关系。没有学的教构不成教学；没有教的学是学习，不是教学。教学必然要有教，但教学的教要转化为学，教学要研究这一转化的内在逻辑。

4. 教师的学科素养与学科育人价值。

指向"时代新人"培养的"新型教师"，应具有系统、复合的素养，简言之：富有社会责任感，具有独特的教育智慧、创造意识和能力，拥有自我发展的需要和潜力，在教育实践中实现主动发展的、生动的、具体的、真实的人。

落实到教育教学中，教师要有清醒的教育价值判断。作为一名教育工作者，教师首先要具备认真地分析、认识、把握本学科对于学生成长而言独特的发展价值的意识和能力。确立教学是为学生的多方面主动发展服务这一最基本的立足点，从学生的发展需要出发，分析不同学科对学生个体而言能起的独特发展作用。要站在育人的角度来教书，这就需要教师有丰富的见识，宽阔的视野，对现实的敏感和清醒，而不仅仅局限于学科知识本身。要让教学对准学生的精神需要，点醒迷茫的学生，促其开窍。惟有如此，学科教师才能完成从学科专业人员向学科教学专业人员意义的基础性转化。

落实到具体课堂中，则要认识到课堂教学本身是一种特殊的生活。师生、生生、群体与个体随教学需要而发生多重角色体验，用多种方式学习，情感体验始终伴随其中。因此在课堂教学中，教师需要学习倾听与表达、赞赏与帮助，敏锐把握每一个具体学生的可能与发展，为学生的差异、主动构建搭建扶手和阶梯，为学生的思维和能力成长不断提供适切的挑战和及时的反馈，帮助学生一步步独立、自主地行走，这是学生实现成长的重要过程，对学生的生命成长产生效果。

三、在个性解读中确立学科的育人价值

通过以上的思辨，不难发现，学科对于人的生命成长，至少有以下四个层面的意义。

一是从育人功能的角度来看，国家课程育人价值指向学生个体精神发展的全部，学科教学在赋予促使人不断发展的工具和文化资源的同时，能提升人的思维品质、行为能力和主动创造能力，通过"教书"实现"育人"是教学之根本。

二是从学科内容的角度来看，不同的学科有不同的符号系统和文化意义空间，通过深度挖掘每个学科在知识体系、研究方法、发展历史、学科精神、未知领域、前沿问题等方面的育人价值，开拓学生自然生活、家庭生活、社会生活更广阔的学习领域，打通基于互联网的线上与线下、课前与课后的学习空间，促进学生健康人生态度、高尚人格素养、积极挑战能力和丰富兴趣创造的养成。

三是从学科教学过程的角度来看，在对教材进行有效整合、拓展的基础上，重建基于大主题的单元结构式教学、基于学习工具的自主式教学、基于"互联网＋"的融合式教学，促进学生学习方式的转变和教师教学方式的转变，构建重心下移、开放互动、结构关联的新型课堂并最终促进师生课堂新常规、新能力、新思维和新态度的形成。

四是从学科教学评价的角度来看，基于过程的教学评价、学业评价、教师评价和学校评价，将从以往单纯关注学业成绩转向专注学生体验、经历的综合性评价，促进学生知能并进、情意共生，实现时代新人综合素养的整体提升。

总之，学科育人价值的深度开发和实践要从学生的发展需要、发展可能出发，围绕学生未来必须具备的核心素养分析不同学科对学生个体能起的独特发展作用，要从教学内容的本身价值和拓展出发，围绕主题、借助学习工具和教育技术，实现教学的现实转化和育人目标的达成。

综上所述，我的教育主张逐步清晰，它的理论基点是相信孩子，从生命的高度来重新认识儿童，认识课堂，认识教育过程，它的实践路径是在"静悄悄"的贴地式的教育改革中追寻安静中的丰富，它的转化方式是基于育人价值深度全面开发的学科教学变革，"建设自由的、开放的，具有研究性和生长性的数学课堂"。

第二章 我的研究策划

怎样将对教育、对课堂的理想蓝图付诸实践?这既需要理论的有力支撑,也需要实践的有机转换。要实现课堂实践的变革,首先要加强顶层设计,寻找到一个既有基础又具有可行性的研究方向;其次要加强过程策划,用适切的方式、有效的路径让教育理念落地生根。

第一节　选题：基于核心素养提升的结构教学研究概述

对学生的主动、健康发展而言，学科是重要的载体和资源。因此，"学科育人"就成为不争的命题。我校自1999年起，在华东师范大学叶澜教授领衔的专家团队指导下，开展"新基础教育"理念下的教育教学变革研究，对课堂教学的育人价值有了初步的领悟。2009年起，学校以"学科育人"为主线，实现了从省"十一五"重点资助课题"学科育人：基于学科性的课程资源开发和教学策略研究"以"课型"为单位的点的突破，到"十二五""学科育人：基于纲要开发的教学变革实践研究"以"单元整体"为单位的线的拉伸。随着学科育人的研究推进，我们试图以结构教学的理念与实践，探索学生核心素养的培养之路。

一、什么是核心素养

先看国外相关情况。美国的21世纪核心素养联盟将核心素养融入学校教学系统之中，开发了具体化的21世纪数学核心素养指标体系。日本基于新近的21世纪核心素养模型，提出了分化到各个年龄段的具体化的数学思维能力培养目标体系。

再看国内情况。2013年，北京师范大学林崇德教授领衔中国学生发展核心素养体系研究，2016年3月，出版《21世纪学生发展核心素养研究》一书，正式发布《中国学生发展核心素养》总体框架。高中数学、义务教育数学、高中物理、义务教育物理、义务教育品德与生活5门学科课标中211次提及了数学素养，尤其是高中数学课标和义务教育数学课标提及的次数最多。

国家义务教育数学课程标准研制组负责人之一、中央民族大学孙晓天教授给出了数学核心素养的框架，指出：课标中的十大核心概念的关系，数感、符号意识、运算能力、推理能力支持着其他核心概念，是起到底线作用的关键能力。四大关键能力和四大必备品格构成了数学核心素养体系。必备品格包括：知道教材中的数学与现实世界中数学的关系（联系），理解和使用数学语言（语言），知道数学要通过目标的不断转换才能解决问题（目标转换），知道量化与量所在的范围有关（量化）。

中国教育学会小学数学专委会副理事长、人民教育出版社编审王永春老师指出：在"四基""四能""十大核心概念"和高中数学核心素养的基础上，可以从数学认知、思想能力、个人发展三个维度构建小学数学核心素养。其中数学认知是基础，告诉我们核心素养从哪里来；核心是思想能力，告诉我们核心素养是什么；个人发展是关键，告诉我们数学思想去哪里，怎么去。

曹培英老师则认为，将核心词直接改为核心素养未免过于简单，数学的核心素养，必须体现数学学科的本质，必须具有一般意义，必须承载独特的学科育人价值。宫振胜在《辽宁教育》2016年第6期《谈核心素养最应该聚焦的是思维素养》中指出：思维素养应该是居于数学知识层面、数学思想层面之上的最高层级的素养。

华东师范大学张奠宙教授认为，通俗地说，数学的核心素养有"真、善、美"三个维度：(1) 理解理性数学文明的文化价值，体会数学真理的严谨性、精确性。(2) 具备用数学思想方法分析和解决实际问题的基本能力。(3) 能够欣赏数学智慧之美，喜欢数学，热爱数学。

涂荣豹教授则从测量学的角度对数学素养作出了界定：(1) 基本的数学品格（理性、严谨性、逻辑性、实事求是）。(2) 分析和认识问题的基本数学视角（函数观、方程观、解析观、极限观、向量观）。(3) 一般的思维方法（分析、综合、比较、联想、归纳、类比、抽象、概括等）。较高的数学素养和数学能力反映在解决数学问题的高水平上，要求具备较强的探索能力、分析能力，即进行实验、观察、归纳、类比、联想、猜测、验证、反驳、抽象、概括的能力。

基于数学核心素养的数学课程目标则这样表述：(1) 获得进一步学习以及未来发展所必需的数学的基础知识、基本技能、基本思想和基本活动经验（"四基"）。提高从数学角度发现和提出问题的能力、分析和解决问题的能力（"四能"）。(2) 逐步学会用数学的眼光观察现实世界，发展数学抽象、直观想象素养；用数学的思维分析世界，发展逻辑推理、数学运算素养；用数学的语言表达世界，发展数学建模、数据分析素养（"三用"）。（3）提高学习数学的兴趣，增强学好数学的自信心，养成良好的数学学习的习惯；树立敢于质疑、勤于思考、实事求是、一丝不苟的科学精神；认识数学的科学价值、应用价值和人文价值。

综上，我们认为小学阶段的数学核心素养就是：在学生发展素养的总体框架下，通过数学知识的积累、方法的掌握、运用和内化，在用数学视角发现问题、用数学理解提出问题、用数学思维分析问题、用数学方法解决问题的过程中，逐渐形成的心智结构、思维能力、学习能力等。数学核心素养反映了数学的基本思想（抽象、推理、模型）和学习数学的关键能力（数学运算、直观想象、数据分析）。而数学学习新常规、新态度也成为学生核心素养必不可少的一部分，支持并决定着数学学习新思维、新能力的生成与发展，并最终融为学生数学学习的综合素养（如下图）。

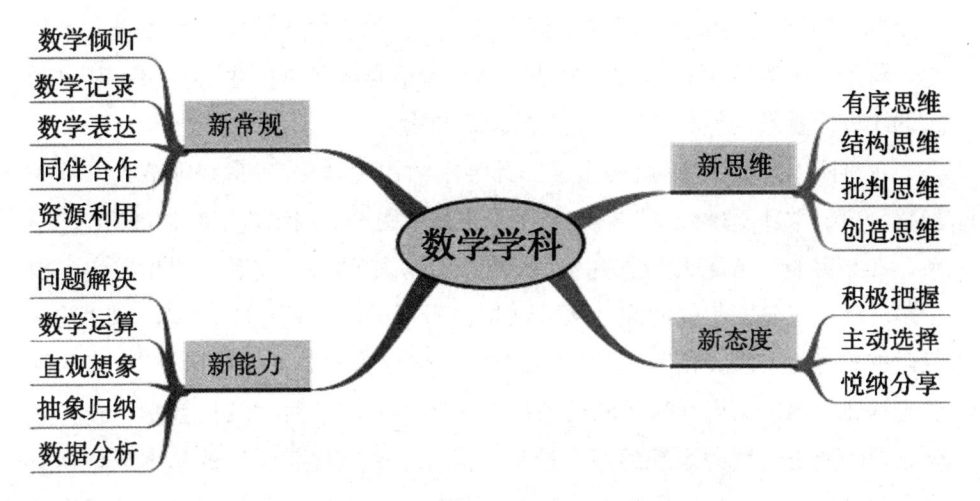

```
数学倾听
数学记录
数学表达 — 新常规             新思维 — 有序思维
同伴合作                              结构思维
资源利用          数学学科           批判思维
                                        创造思维
问题解决
数学运算                              积极把握
直观想象 — 新能力             新态度 — 主动选择
抽象归纳                              悦纳分享
数据分析
```

二、什么是结构教学

结构主义是 20 世纪下半叶最常用来分析语言、文化与社会的研究方法之一，是法国人类学家列维·斯特劳斯在文化人类学中开创的一个学派，这个学派把各种文化视为系统，并认为可以按照其成分之间的结构关系加以分析。

瑞士著名儿童心理学家皮亚杰 1980 年发表了《结构主义教学》一文，这标志着结构主义教学理论的兴起。他从认知心理角度分析了学生头脑中存储知识的发生过程（建立知识点——形成知识链——组成知识网），其核心就是构建人的心理结构。当前，国内外流行的思维导图、要点图，价值也在于在结构式的对话中教给孩子知识、方法。

美国教育心理学家和教育家、当代认知心理学派和结构主义教育思想的代表人物之一布鲁纳强调说：提出了"学科基本结构"的思想。每门学科都存在一系列的基本结构，一门学科不仅教专门的课题或技能，而且应该使学生弄清楚学科知识组成的基本结构。他指出："不论我们选教什么学科，务必使学生理解该学科的基本结构。这是在运用知识方面的最低要求，这样才有助于学生解决在课堂外所遇到的问题和事件，或者日后课堂训练中所遇到的问题。"

著名教育家马芯兰老师早在1977年的课改中就把现行小学数学教材中的重点、难点、共同点和不同点按照知识的内在联系及规律进行组合，将540多个概念归纳成十几个一般基本概念及"和、差、倍、分"四个重点基本概念，将十一类应用题总结成四个基本类型，组合成教学的中心环节，从纵和横两个方面重新调整，并组合成新的知识结构。

孙维刚老师在1980就提出了"孙维刚结构教学法"。华东师范大学叶澜教授领衔的"新基础教育"研究创生了"教结构——用结构"教学策略。

2005年起，在省特级教师王冬娟带领下，她的工作室和常州市二实小数学组一起用三轮九年的时间，从"结构视野下的教材研读"起步，到"结构教学的思考与实践转化"，直到"结构教学与专业发展的关系研究"，经历了纵向深化、横向拓展和纵横融通的研究历程，形成了对"结构教学"较为成熟、较为完善、较为系统的室本诠释，提炼了"结构教学"的基本策略，研究成果分别获省教学成果二等奖、市社科成果二等奖，推动了近30位骨干教师及其所在学校的数学教学实践变革，并在一定范围内辐射了研究成果。

通过研究，我们认识到，结构就是不同类别或相同类别的不同层次按程度多少的顺序进行有机排列。它可以包含以下几个层次：知识结构是指知识要素之间以一定的联系构成的体系，且联系的方式和程度不同，构成不同的知识结构。思维结构是知识个体透过直接感知材料，经过头脑的整理、加工、制作，从现象到本质，从事物的外部到事物的内部的理性认识形成思维块，再把个体的思维块之间联系贯通，形成思维结构。认知结构是由人的过去经验，感知、概括物质世界的一般形成，在人脑中形成的一种结构。能力结构是指个体在自身素质的基础上，顺利完成某项活动所表现出的心理物质水平。观察力、想象力、概括力、记忆力、分析力、创造力等各种能力的集合构成一个结构体系。

教师在教学过程中，往往更注重知识结构、认知结构的培养，而忽视了思维结构、能力结构的形成，导致学生对知识的迁移、外延缺乏想象力和创造力，从而造成高分低能的尴尬局面，这与我们的教育终极目标是相悖的。

由此，我们确立结构教学的内涵：就是教师构建合理的"数学类知识结构"、"类知识的教学过程结构"、"类知识的学习方法结构"，以促进学生形成良好的思维结构、认知结构和能力结构。学生在教师的结构化的思维品质和教学策略的引领下，选择已有的认知结构去认识未知，建构新的知识结构和认知方式。

三、当结构教学遇到核心素养

数学核心素养是学生学习数学应当达成的有特定意义的综合性能力，它基于数学知识技能，又高于具体的数学知识技能，它反映了数学本质与数学思想，是在数学学习过程中形成的，具有综合性、整体性和持久性。

在实践研究中，我们需要不断追问：数学核心素养的培养方向是否清晰？培养策略是否可行？培养成果是否综合体现于学生的素养？这对于理解数学学科本质，设计数学教学，以及开展数学评价等有着重要的意义和价值。学生核心素养在怎样的教学中能够得到凸显和落实？结构教学是否有别于其他教学方式的地方，能否更好地实现核心素养的落地与转化？结构教学中哪些策略是能够促进核心素养的培养？这一切都期待探索与验证。

基于结构教学理念的核心素养培养，就是要通过全面梳理和提炼不同领域结构教学与核心素养的相关性、结构教学与核心素养培养策略的适切性研究，提升数学学科独特的育人价值，整体提高学生数学核心素养。其价值意义可以从两个维度展开，一是理论意义（成事）：以儿童的成长发展为长远目标，以结构教学为抓手，以小学生数学素养培养为研究主线，填补前期研究空白，形成研究新经验。二是实践意义（成人）：通过课题研究，一方面提升学生在小学阶段学习意识、数学思维和解决问题的能力等方面的核心素养，实现数学学习能力的发展；另一方面提升参与教师的科研能力，促进专业成长，减轻教学压力，提高课堂效率。

于是，循着"基于核心素养培养的结构教学研究"这一方向，我们透过"知识点"寻找知识间内在的、纵横交错的本质联系和展开逻辑，发现其蕴含的思维内核和育人价值，对教材进行结构加工和长程设计，进而将散点的数学知识转化为学生头脑中个性化的认知结构和思维结构，并通过学习方法结构的设计和过程结构的策划，使之转化为学生的能力结构。

第二节 策划：基于核心素养提升的结构教学研究路径

基于核心素养提升的结构教学研究，就要将对数学课程育人价值的挖掘与课堂教学的变革看作一个整体，从教材研读方法、学生分析视角和教学策略方法这三个维度入手，整体策划，系统把握，描绘具体路径。

一、结构教学理念下的教材解读

教材是学科育人的重要资源，尤其是当我们对不同领域、不同内容的教材独特的育人价值有了充分理解后，就需要对教材内蕴的长程知识结构、类知识的过程展开结构、学习方法结构进行解读和内化，并结合对学生现状的具体分析进行富有创造性的转换。只有真正读懂教材的知识编排线索、活动线索、思维线索，教学才能真正呈现出整体结构化推进的状态，课堂的组织也才能有条理、有层次、有生命态。

1. 为何解读。

有些教师认为数学教材具有"至高无上"的权威，有一种绝对意义的正确性和精确性。这样的教材观所反映的教育理念就是"数学知识和方法相对每一个学生来说都是同样的，数学教学的最终目的就是向学生传授这些客观的数学知识和方法"。而这样研读的结果必然带来两个问题，一是教学直接指向"结果"，而弱化对过程的体验、方法的习得和能力的培养；二是机械割裂教材的设计意图，使学生的认知结构和思维发展呈现点状无序状，失去数学学习最根本的价值。

也有的教师打着"课程改革"的大旗，认为教师是课程资源的开发者就意味着可以随心所欲，无视教材的科学逻辑和整体结构，随意增删、重组，加入许多"非数学"的因素，以为热闹、新奇就是创造。这样的教材使用方式明显缺乏研读意识，缺乏学科意识，当然也就不可能捕捉到教材中或隐或现的内在结构，并将这种知识递进、能力攀升的螺旋结构转化为教学的单元整体。

要将结构教学付诸实践，首先需要转变观念，一方面要尊重教材，深入理解其编写意图、目的、意义；另一方面，要站在数学学科教学的高度，审视不同领域、不同类型知识独特的育人价值，要对研读的教材内容进行相应的分类和结构化处理，使其能更好地贴近并引领学生的发展需求。其次是角色的转变，要学会走出自我，学会换位思考，学会从编者的角度、自我解读的角度、学生学习的角度、他人评价的角度等方面予以思考，形成对教材内容客观、立体的认识和理解。

2. 解读什么。

读课标，清晰递进目标。课标认为，数学教学的根本目标在于：获得适应未来社会生活和进一步发展所必需的数学的基础知识、基本技能、基本思想、基本活动经验。教材是根据课程标准编写的，是对课程标准的具体化。小学数学教材采用螺旋式编排，针对学生的接受能力，一般把教学内容划分为几个阶段，每一阶段的内容螺旋式上升，逐级提高。因此，教师研读教材首先要认真学习课程标准，深入领会课程标准的实质，再通读小学数学全套教材，掌握各年级相关内容的联系以及不同层次的教学要求，把教学的阶段性和连续性统一起来。在此基础上再去了解全册各部分之间的内在联系，了解这一册中基础知识和基本技能的具体要求，即教学目标。这样，从宏观上了解教材，可有效避免教学中的盲目处理和点状随意。

读教材，构建知识体系。研读教材，不能够停留于走马观花，要了解教材的知识内容及编排体系，把教材所涉及的数学知识，根据内容特点或学习方法归类，掌握各部分知识在整套教材中的价值和地位。可以整理数概念、数运算、数量关系、形概念、形计算等不同领域的知识结构表，以帮助我们系统地把握教材，掌握小学数学教材的编排体系和内在联系，尤其是对分布在几册教材里的相关或相近内容有一个清晰的了解，因为许多内容都起着承上启下的作用。教师只有理解了整套教材内容的前后联系，理清其来龙去脉，才能将它组织成一个个具有结构意义的学习单元。同时还要适当了解与本学科有关的其他学科的知识，找准教材与其他学科间的因果性、关联性，以及在相关知识结构中的地位和作用，把教材读丰厚。

读单元，清晰课时分割。数学学科的整体教学目标需要一课时一课时地去达成，如何以整体的视野合理分割教学内容，从单元目标中分割出课时教学目标？我们需要了解整个单元的框架结构，找出内在规律。一是可以依据原有单元，凭借例题之间的递进关系和难易程度，分析单元内容所包含的知识点，进而分割课时，确定课时教学要求。二是可以依据知识结构的展开顺序或学习过程的体验顺序，设计由慢到快、由扶到放的学习过程，进行课时的合理分割，制定出每一节课具体的递进式的教学要求，也就是课时教学目标。

读习题，搭建提升层次。习题是教材的重要组成部分，按照与例题的匹配程度，大致可以分为以下几个层次：基本题，起到巩固新知识的作用；变式题，起到加深理解新知识的作用；提高题，起到灵活应用和提高的作用。研读每道习题设计的目的和要求，明确例题与习题的对应关系，再把它们分配到相应的课时里。一方面可以安排专门的练习课，设计层次清晰的练习和提升，另一方面可以将例题与习题有机融合，将相关练习融合到知识的探索、验证、拓展过程中，于无声处见培养。

3. 如何解读。

着眼变革。我们对教材研读的角度和研读的方式都需要随着时代的前进而改革，要不断适应时代的育人目标。一方面我们要站在历史的长河中，深刻地研究与把握传统教材的实质,从而真正明确每一次教材改革的目标与进程,把握教材意图。另一方面,我们一定要跳出教材本身,站在学科育人的高度,审视和发掘教材中不同内容、不同学习过程所带来的不同的育人价值。同时,研读与实践也要成为一个整体。

关注整体。一是关注教材的整体性。十二册教学内容是一个大的整体,它对四大领域进行整体策划,将知识合理分配到不同年段和不同单元,由此确立了每一个知识目标的阶段性和连续性,这是学生认知结构中的横轴。二是关注知识体系的整体性。无论是数与代数还是空间与图形等不同的领域,在纵向都形成了一个层层递进的阶梯,由易到难,由简单到复杂,这是学生认知结构中的纵轴。三是关注学生学习体验的整体性。在每一个学习的节点上,知识又会形成一个个完整的回路,千以内的数、万以内的数、大数的认识具有类同的过程结构,线、面、体的认识具有相似的方法结构,这都是一个个小的单元整体,构成了学生认知结构图中一个个浓墨重彩的原点,勾连着过去与未来。

做好衔接。教材研读时,还应当做好几个衔接:一是同一领域年段之间的衔接。同一知识领域的起点是什么,要为后续的哪些学习服务,这些都是教学中要关注的基本点。二是不同领域同一年段的衔接。虽然数与形不在同一领域,但其中知识结构的构建方式、思维方式等都会有许多可以类比迁移的地方,因此,在学习过程和学习总结时都可以适当渗透和有机提升,这是教师触类旁通的智慧。三是中小衔接,九年义务教育中不论是教材内容,还是教学方法,都存在着某些脱节或重复现象。为此,我们有必要把中学、小学作为一个长程来思考,关注中小学教学内容和教学方法的衔接。哪些知识在小学可以适当渗透,哪些思想方法有必要在小学形成,这是作为一个教育者而不仅仅是一个数学教师或几年级数学教师的境界和情怀。

有效对比。如今,教材百花齐放,不同的教材在一定程度上就体现了不同时期、不同地区对人的素养的不同要求。我们可以经常进行这些对比:一是新旧对比。把新教材和老教材进行比较,新教材内容上有哪些变化,教学方式上有哪些变化,老教材中哪些传统的教学方式可以继承,尤其是老教材中的大单元设计,它是怎样构建知识整体的,值得借鉴。二是不同版本的对比。当前常用的有人教版、苏教版、浙教版、沪教版等多种版本,不同版本中对知识线索的展开和呈现方式都各有优劣，体现了对数学体验、数学思维、数学运用的不同要求，在教材研读时可以取长补短，相互补充。

实践完善。教材是"一纲多本"，但还是远远满足不了不同地区、不同学校的需要，需要老师们不断地根据当地、学校、班级的情况进行教学教法的加工。教材是教师在使用过程中，经过不断研读和推敲，而逐步完善起来的，所以从这个意义上说教师也是教材的建设者。不同水平的教师对教材有不同的处理策略和操作水平，教师只有在实践中不断思考，基于学生认知结构的形成和完善，不断打破原有框架，不断构建新的整体，才能真正将"教材"变成"用材"，变成为学生"全人"发展而研制的"学材"。

4. 读以致用。

为了体现知识整体的、内在本质的结构关联，我们对现有教材文本的育人价值进行整体开发和结构加工，把书本知识按其内在的逻辑组成结构链或结构块。

纵向拉伸。将单元内、单元间甚至跨年级的同类知识内容按其内在的逻辑组成由简单到复杂的结构链，通过内容的适当调整、增补，将断裂的知识结构修复完善，使学生对知识间的纵向关联有清晰的认识。

横向贯通。把具有类特征的单元知识整合到一个单元，凸显背后共通的思维方式，丰富学生对类结构特征知识内涵的整体认识和结构把握，提升学生分类、比较、概括、抽象的能力。

纵横融通。打破原有单元和年段的界限，把视野从单元整体结构拓展到整个年级甚至各学段的教学长程中，形成主次分明、有机渗透的教学模块，以结构的逐步复杂化作为贯穿教学的认知主线，开发学科内在结构所蕴含的能促进学生主动发展的丰富资源。

如在"小数乘除法的整理复习"中，我们对教材进行三个层次的梳理。一层以单元知识为半径，对小数乘除法单元知识进行相对独立的梳理与沟通。二层以相关单元知识为半径，进行小数乘除法单元与整数乘除法单元之间知识的沟通与整合。三层以整个数学学科知识为半径，从单元内部的条状知识和单元之间的块状知识扩大到学科知识的整体，从整体综合的角度沟通知识结构链与结构块之间的联系。基于这一整体策划，我们进行三个层次的目标设定，一是复习的总体目标，二是递进的阶段目标，三是量身定制的课时目标，并努力使目标既具体可测，又体现针对性和发展性（如表2-1所示）。

表2-1 "小数乘除法的整理复习"在各阶段的目标

总体目标	
1. 知道复习与整理的一般方法与步骤。	
2. 了解知识整理的多种角度和多种表现形式，能选择恰当的形式表现整理的要点。	
3. 能从整体上结构化地把握知识，并能沟通各部分知识之间的联系。	
阶段目标	
一年级	1. 教师带领学生对单元知识点进行口头梳理。 2. 初步了解大括号。 3. 在相关内容中渗透分类思想。
二年级	1. 对单元知识点进行口头梳理并能举例说明。 2. 在相关内容中初步渗透二级分类思想。 3. 在教师指导分类中想到运用大括号。
三年级	1. 了解复习整理的基本步骤。 2. 了解表格形式。 3. 在教师引导下尝试寻找知识之间的差异与联系。 4. 能把知识要点填到复习表格中。
四年级	1. 日常渗透中了解集合式的表现形式。 2. 在教师指导下讨论并确定单元内的知识结构框架。 3. 按步骤尝试独立进行书面的知识整理，并能参照提供的范式进行调整。 4. 初步了解知识整理的评价标准。
五年级	1. 日常渗透箭头式提纲式的表现形式。 2. 能选择恰当形式表现整理的要点。 3. 能根据知识间的共同点，运用表格的形式表现整理的要点，沟通知识间的联系。 4. 能对同伴建立的一级知识结构框架进行评价。
六年级	1. 能熟练运用表格式对几个单元知识进行完整综合整理。 2. 能体现学生对书本知识系统内化后的个性化理解。 3. 能对同伴的整理内容进行自主评价并提出修改意见。

续表

	课时目标
五年级小数乘除法整理复习	1. 经历小数乘除法相关知识的系统梳理和沟通联系的过程，整体结构化把握小数乘除法的知识。 2. 能根据知识间的共同点运用表格的形式表现整理的要点，沟通知识间的联系。 3. 能根据评价标准对整理表进行评价。

在"梳理知识——寻找联系——挖掘价值——结构加工"的思维历练中，师生逐步走出点状割裂的线性思维模式，不断提升整体的、综合的、关系式的立体思维品质。

二、结构教学理念下的学情解析

现代认知学习理论启示我们，要重视学生内部动机对学习的作用，应创造条件让学生在学习过程中进行探究、猜测和发现，重视结构教学；在向学生输入新的知识信息时，必须注意学生原有的知识水平和认识水平之间的差距，重视发展和培养学生的顿悟潜能；重视培养学生自我检查、自我评价的能力。因此，在将知识进行结构化组织后，能否结构化推进，还需要关注学生的内在需求、认知差异、能力水平，并因材施策，才有可能实现知能融通。

1. 学情分析的价值。

数学具有逻辑的严谨性和高度的抽象性、概括性，学生与其说是学习数学知识，不如说是经历数学思维活动。尤其是当我们以结构化的方式对教材和教学进行策划和推进时，就应该把这一过程看作数学知识结构与学生心理结构相互作用的过程。所以在我们进入具体实践前，必须清楚地知道，学生的数学学习过程是什么样的，这些特点在陈述性知识、概念，探究性规则、问题解决和过程性情感、态度这几个领域分别有怎样的表现和影响，在单元结构学习的起始、过程、运用中分别又有怎样的具体表现。

在当前的数学教学中，之所以出现精彩纷呈的教学活动不能为学生数学思维发展服务的现象，很大一部分原因就是没有考虑到学生的数学学习特点。

一是"目中无人",教师对学生的状态往往没有关注的意识,尤其是对学生在解决实际问题过程中可能暴露出来的困难、障碍和错误"视而不见",满足于教案设计时唯我独尊的"顺境"。二是"心中无人",教师对学生的认知特点和心理特点有一定了解,但只限于抽象的学生,缺乏年段的分析意识,缺乏对年段数学教学特点的把握。三是"心中没有具体的人",教师认识到学生年段有差异,但心中还是只有一个模糊的学生群像,而没有立足当前、立足特定的数学知识结构、立足不同类型的学生群体,进行具体的分析。这样的教学必然是一厢情愿,对学生缺乏人文关怀和有效指导的。

基于以上分析,我们认为,数学教学要从机械的知识教学走向真实的思维活动,必须形成"教"与"学"的双向互动。这就要求我们在教学中首先要弄清学生数学认知的发展特点,从整体上把握知识结构在学生经验中的组织逻辑化的过程,清晰学生认知水平的起点,分析不同类型、具体个体的认知差异和个性差异,通过恰当的活动设计和教学方式,给予针对性的指导和帮助。

2. 学情分析的维度。

为了使每一个学生在原有的基础上得到发展,我们需要了解和研究学生的前在状态、潜在状态和发展可能,把学生看做既体现普遍性、共通性,又具有唯一性、独特性的具有主观能动性的生命体。分析和把握了学生进入课堂的起始状态和走出课堂的终结状态,就能在起点和终点之间设计一条可能的路径,帮助学生顺利到达成功的彼岸。

基础。从知识层面讲,对于当前要学习的内容,哪些学生已有了解,并且了解多少?哪些学生已经有一些生活经验,又是怎样的经验?哪些学生完全没有接触?而从能力层面讲,这一类知识以前的认知结构是否清晰?学习的方法结构是否已经具备?学习的过程结构是否还记得、记得多少?这些都是教师首先需要了解和分析的。事实上,现在的学生生活在这样一个开放的信息社会中,视野和阅历已远非从前,因此,不能以昨天的教材去教学生,不能以昨天的框架去套教学,而是要努力开发学生的基础性资源,使之成为不同学生主动进入学习的不同起点。

差异。来自不同家庭和社区的学生有不同的生活经验和学习基础,不同性格脾气的学生有不同的学习方式和交往方式，不同的思维品质的学生也表现出不同的表达方式。面对差异，是拒之门外还是视而不见？是利用个别替代还是引导有效互动？这既体现教师的教育理念，更体现教师的教学智慧。但这智慧不是临时生成的，而是因为课前对学生的差异有了基本的分析和认识，对差异心中有数，对差异的类型和价值有了初步的判断之后，才能游刃有余地将差异引入课堂，使之成为推动学生共同思考和探索的新的问题和资源。

可能。要理解和掌握当前知识，学生还缺什么？是学习方法、学习能力还是学习习惯？学生进入当前学习可能遇到的困难和障碍是什么？这些困难和障碍产生的可能原因是什么？对学生困难有清晰的把握就能够制订相对应的目标和策略，使学生的认知向着可能的方向发展。尤其是在单元结构教学中，已有的学习经验可能带来怎样的迁移效应？是正迁移还是负迁移？前一课时与后一课时之间存在怎样的联系和区别，如何通过恰当的教学语言和活动帮助学生进行顺应和同化，并对自身的认知结构进行有效地梳理和重构？这些都是需要通过对学生可能性的分析以达到清晰认识，从而进行有效设计和教学。

3. 学情分析的方法。

对照年段目标。小学生正处于生长发育的加速期，无论是身体还是心理的成熟度都在不断变化中。因此无论是教育还是教学都应该遵循学生不同年段的不同特点进行，尤其是数学学习，它对学生的认识能力和思维水平都有较高的要求，而且，不同的知识领域对学生具体的能力要求也各不相同。因此，对学生进行分析时，一是抓住年段特点，从学生的学习心态、知识积累、能力发展和习惯养成等层面进行跟进式的分析，要鲜明地刻画出不同阶段学生的发展变化和本质特点。二是尽可能具体化，尤其要具体到不同领域对学生的不同要求，如概念认识中不同年段学生在探索、理解、概括中的特点，运算教学中学生对规则的理解、运用和判断选择的能力，图形与空间认识中学生的观察、想象、归类分析的能力发展等，只有对学生的分析具体化了，教学目标的制定和教学的实施才有针对性。

抓住认知特点。学生在数学学习中，一般需要抓住以下特点：一是记忆特点，不同年龄阶段，对记忆材料的分析、加工、归纳能力，在心理机制上形成的与意义识记相适应的认知结构各不相同。二是思维特点,小学生思维活跃,敢于暴露自己的思维过程和结果,但面对抽象的新概念的理解基本上依赖于感性直观材料,判断常带有具体性和片面性,从整体来看,思维是处于以具体思维为主向抽象思维过渡时期。三是注意特点,学生有了一定的有意注意的能力,即在思维活动开始后不再需要意志的努力,不受外界干扰而进行积极主动的思维了。当然小学生有意注意处于不稳定状态,易受情感的影响和个人的兴趣转移。四是语言特点,他们的数学语言随着年级的增长逐步累积而丰富,因此在不同的年段要有不同的估计,特别是他们思维的随意性和片面性,会造成语言表达的不准确、不科学,而影响了他们对概念的理解和掌握。

  遵循学科特性。在对学生进行分析时,不可能面面俱到,也不需要庞杂,还是应该紧扣学生面对数学、进入数学学习时的状态进行分析,也就是要抓住数学学科特有的育人价值进行分析。首先,数学学习是一种符号化的数学知识与生活实际经验相结合的学习过程,我们需要分析学生原有生活经验,依据这一基础,展开活动设计,使他们能从生活中找到数学原型,又能将所学到的数学运用于生活。其次,数学学习是一种不断提出问题、探索问题、解决问题的过程。那么数学问题来自何方呢?面对开放情境,学生会生发哪些问题?解决问题的过程中学生会面临哪些障碍?对问题线索的把握将决定思维的方向,也将决定思维的质量。第三,数学学习是获取数学知识、形成数学技能和能力的一种思维活动。从这个意义上讲,数学学习如果没有学生自己的主动内化(即思考),其学习效果等于零。因而,学生已经达到了怎样的思维层次和能力水平,需要为他们搭建怎样的脚手架,才能帮助他们主动进入学习探索,这也是教师需要清晰的。第四,数学学习是有指导的"再创造"的过程,小学生学习数学并不是像有的成人理解的那样——只是停留在概念、法则、定律、方式的弄懂、记牢和背诵,而总是根据他们自己的经验和知识去经历学习过程,用他们自己理解的方法去探索数学知识,这就是"再创造"。所以,作为数学教师,应该充分估计学生的潜能,为学生创设更大的思维空间,向他们提供充分的数学活动的机会,引导他们通过自己的观察、实验、思考、交流,用自己理解的方式去探索数学的知识,获得数学技能和数学思想方法,只有这样,才能把培养创新意识的目标落在实处。

4. 学情分析的例举。

如在教学一年级下册的"认识100以内的数"时,我们发现课标对数概念的教学,仅从两个学段进行了概要的描述,这样的表述只能让教师明白这一领域学段目标的整体架构,但如何在不同年级的相关教学内容中具体落实,课标还没有细化要求和针对性建议。事实上,这一单元是一个承上启下的单元。"上"是对前两次认数——一年级上册"10以内的认数"和"11~20各数的认识"的一次总结和提升,"下"为二年级下册"认识万以内的数"、四年级下册"认识多位数",甚至后续的小数、分数、正负数的认识打下了知识和方法的基础。于是我们对1~6年级"数的认识"教学的内容进行系统梳理,形成学习递进目标(如表2-2所示)。

表2-2 教材中"数的认识"教学内容

教学单元	递进目标	结构分析
百以内数的认识	感受数认识的框架结构;认识数字符号所表示的意义;知道个、十、百位的数位概念,掌握数位顺序表;认识数末尾0占位的必要性,掌握百以内数的读写;知道数认识的方法结构。	知识结构:数的意义、数的组成、数的读写、数的排序和数的分类。 过程结构:感受意义,抽象理解——迁移旧知,分类读写——聚类概括,清晰读写——生成数位,感受新数。 方法结构:根据数的构造结构而概括提炼出数的读法和写法。
万以内数的认识	知道从数认识的框架结构出发认识数;能利用数认识的方法结构主动认识万以内的数;认识数中间0占位的必要性,掌握万以内数的构造结构,并运用这个结构生成新的数。	
多位数的认识	能利用数认识的框架结构尝试认识多位数;掌握多位数的构造结构;在估数的过程中发现和把握四舍五入的规律。	
小数的认识	从数认识的框架结构出发认识小数,知道小数与整数和分数的内在关系;了解小数结构与整数结构的内在一致性;掌握小数的构造结构,并运用这个结构生成新的小数。	

续表

分数的认识	发现和认识整体与部分的实体关系，认识几分之一的丰富内涵；从数认识的框架结构出发认识分数，能结合具体情境来理解整体与部分的抽象关系；会用多种方法表示分数的基本单位，理解并掌握分数的基本性质。	
正负数的认识	从数认识的框架结构出发认识正负数，能结合现实生活理解负数的意义。	
百分数的认识	理解百分数的意义，能在恰当的情境中运用百分数；理解百分数与分数、小数的关系，能正确转换。	

学生越早能够感受到结构的存在，就越有可能尽早地主动投入到学习之中。因此，本单元作为数认识的起始教学，必须有助于学生从本质上把握数认识的知识结构和学习方法结构，为后续主动迁移和自觉运用结构开展认数活动服务，从而实现数认识的结构发展和螺旋式上升，这样的教学方式也才顺应知识的内在逻辑和学生的认知规律，也才能帮助学生真正把握知识结构，形成学习的主动意识。

在对教材、目标进行纵横融通的梳理和把握之后，我们也对学生进入本单元学习的基础、差异、困难和可能的提升等进行了细致的研读。

基础：在学前教育和成人的影响下，学生有很多机会接触百以内的数，已具备数数的生活经验，有的知道数的名称，有的能有顺序地唱数，有的在生活和学习中还能经常不自觉地运用，而且在经历了10以内数的认识、20以内数的认识两次小的循环之后，对数的认识要素有了一定了解。

困难：学生对数的认识是有限的、点状的，不全面也不系统，缺乏结构性的把握，有的甚至还有错误。特别是对数的意义、组成和类别都不清晰，对数的意义理解缺乏与具体数量的对应，比如：用手点物、用口报数之间没有建立一一对应的关系，出现重复数和漏数的现象；读写和排序有一点经验但缺乏方法，对顺序地认识往往比较单一和定势，大多是从头至尾数，对于数数过程中顺序的多样性问题缺乏足够的认识和丰富的体验，只会用本真的语言表述，缺乏抽象概括提炼法则的能力；由于数产生的意义过于抽象，缺乏产生数位的需求与意义理解，较难理解"百位"的生成过程；对数大小的感悟空洞；序数和基数的区分比较困难；以群计数的灵活性也不够。

　　提升点：在引导学生把握数认识结构的同时，还要注意帮助学生在经历数抽象的过程中理解数的实际意义，帮助学生认识数是反映不同的物质实体的共同属性，帮助学生经历将数与具体物质实体相分离的抽象过程，使学生能够在抽象的数与具体的物质实体之间建立意义的联系。要适时发展学生按群计数的能力，向学生提出更高的数抽象的能力要求，积累有关几个几的概念和连加运算的认识经验，为日后二年级时的表内乘法的学习奠定基础。

三、结构教学理念下的实施策略

　　从教学信息处理的视角来看，教学策略分为两大类，一种是产生式教学策略，它让学生自己安排和控制学习活动，鼓励处于主动地位的学生自己从教学中建构具有个人风格的学习方式。另一种是替代式教学策略，它更多地倾向于替学生处理教学信息，学生在学习中被动学习多于主动学习，因而学生学习志趣难以调动，制约了学生的学习能力。结构教学倾向于产生式教学策略，并逐步形成个性追求，那就是确立整体思维，将各要素融会贯通，建立知识、能力、方法以及学情的内在结构关联，整体策划、预设教学中的各种可能，让教学活动始终向着多元目标的达成挺进。根据教学对象的不同类型，结构教学的基本策略可以分为以下三大类：概念与关系教学——自上而下整体感悟，方法与过程教学——由扶到放长程策划，思维与策略教学——由点及面综合应用。

　　1. 概念与关系——由表及里，整体感悟。

　　教学不能简单重复，也不可能平铺直叙，尤其是对于数学知识逻辑体系比较严密的教学内容，要使学生始终保持盎然的兴趣，并主动地构建和完善自己的认知结构和思维方式，就必须依据教学内容之间的关系进行全新的策划。我们以概念、思维、策略的"破题"引入，激发学生依据知识结构或方法结构逐步展开自主探索、类比学习。

这样的整体感悟教学一般适用于以下内容：一是单元起始课，有时一个单元的知识近乎并列展开，如何使学生整体把握这些内容之间的关系，并积极地进入具体内容的学习呢？我们一般先引导学生整体感悟数学知识的背景框架，在整体感悟的基础上，学习背景框架中的局部知识，如计算教学中可以对计算的类型进行整体感悟，然后进行分化学习。二是思维策略起始课，有些问题解决的思维策略相近或具有内在的关联性，我们可以选择其中的典型进入，让学生在初步感悟思维策略的基础上，独立尝试具体方法的运用，如三角形、四边形的周长、面积的测量和计算，都可以通过凸显其思维方式而成为一个整体进行教学。三是概念的教学课，如果仅停留在描述、演绎，不利于学生对概念本质的把握，我们可以通过对其上位概念的感悟，形成对其下位概念基本要素的具体化。如对角的认识，我们可以通过对直边图形、联结图形的分类辨析，形成对顶点和边的要素和特征的把握，这样上位概念的建立为学生后续下位概念的学习提供了导航作用，使学生对概念的理解更丰富清晰。

如线段、面积、体积三个知识点分布在低、中、高三个不同的年段，相邻两个知识点的学习时间相隔甚远，我们必须处理好知识的"整体"与课时的"局部"之间的关系，居高临下结构化设计，将我们对"线段、面积、体积概念及度量教学"的知识结构、方法结构、过程结构的理解转化为可操作的、对学生发展有价值的教学策略。

在教学实践中，我们对教材的文本资源进行了整体开发和结构重组。具体如表 2-3 所示。

表 2-3 对"线段、面积、体积概念及度量教学"教学内容的整体开发和结构重组

内容	课时	常用结构	重组结构	重组结构的作用
二（上）厘米和米	一	线段概念的认识	线段概念及厘米的认识	第一、第二课时"引着"学生"慢速"经历长度单位建立和计量单位认识的过程，生成方法结构。第三课时以整体的视角组织练习，提升学生综合应用的意识和能力。
	二	厘米的认识	米的认识	
	三	米的认识	线段概念和度量单位的练习	

续表

三（下）面积	一	面积概念的认识	面积概念及平方厘米的认识	"启发"学生类比迁移线段学习的方法、过程结构，实现面积度量方法、计量单位认识等环节的"快速"学习。增加的综合练习课帮助学生进一步沟通一维和二维空间认知。
	二	面积单位平方厘米、平方米的认识	平方米的认识和练习	
	三	面积单位平方厘米、平方米的练习	线段、面积概念和度量单位的练习	
六（上）体积	一	体积的意义和容积的意义	体积的意义和常用的体积单位	学生"独立"主动迁移线段、面积的研究方法，实现体积单位建立和计量单位认识的"加速"学习。容积以体积概念为生长点，安排在第二课时教学，促使学生进一步理解体积。
	二	常用的体积单位和容积单位	容积的意义和容积单位	

从表 2-3 中不难发现，每一学段教学内容的起始课时起着举足轻重的作用。为了更好地体现线段、面积、体积知识的整体框架结构、知识形成的过程结构、知识学习的方法结构，让学生了解学习的知识背景框架内容、了解教学过程展开的逻辑顺序，能运用方法步骤进行主动迁移，我们在教学中可以进行具体的结构推进设计。具体如表 2-4 所示。

表 2-4 对教材中"线段、面积、体积"教学内容的结构推进设计

内容	线段	面积	体积
经历聚类过程	进行"看一看、摸一摸、说一说"等活动，充分感知线段的特点。	进行"摸一摸、说一说"的活动，充分感知"面的大小"。	通过实物对比、实验观察、举例等活动，感知"物体所占空间的大小"。
形成度量概念	让学生从大量的事实中抽象出线段共同的本质属性：直的、有长短。	在感知的基础上，归纳出"物体面的大小叫做面积"，形成面积概念。	在材料感知后聚类分析，得出"物体所占空间的大小叫做物体的体积"。

续表

概括比较方法	在丰富的矛盾冲突中学习比较长度的方法。	类比迁移线段的方法，引导学生区分借助什么来比较。	类比迁移线段、面积的比较方法，引导学生区分借助什么来比较。
形成度量单位	通过对测量结果的比较，激发统一计量单位的需求，形成长度单位。	通过对测量结果的比较，引发冲突，形成面积单位。	通过对测量结果的比较，引发冲突，形成体积单位。
生活拓展	找找生活中的1厘米。如果要量跑道的长度呢？	找找生活中的1平方厘米。如果测量黑板的面积呢？	找找生活中的1立方厘米。如果要知道教室的体积呢？
归纳方法结构	我们是怎么学习线段知识的？师生一起归纳板书。	我们是怎么学习面积知识的？学生小组讨论，师板书。	我们是怎么学习体积知识的？学生回家独立整理。

2. 方法与过程——由扶到放，长程策划。

教学是一项长效工程，最有价值的不在于当前知识的形成，而在于对知识结构的把握和把握结构后自主展开学习的积极状态。

面对一个教学长程，我们可以把教学分成两个阶段：在前段，采用发现的方式，让学生从现实问题出发，在解决问题的过程中发现和建构知识，充分感悟和体验知识之间内在关联的结构存在，逐步形成学习的方法结构。后段，采用迁移的方式，让学生运用学习的方法与步骤结构，主动学习和拓展掌握与结构类似的相关知识。

这一过程也有三种类型。一是迁移知识的框架性结构。知识之间存在雷同的框架性结构，我们就可以在较常见和具体的知识中引导学生发现其中所包含的关系类型，在较抽象和复杂的知识中运用。如在整数范围内研究的相关数认识、数运算、数量关系的框架结构，就可以迁移到分数、小数的认识和运算中。二是迁移知识形成的过程性结构。我们带领学生在一定程度上还原前人发现和发展某一领域知识的过程，并将这一过程结构化，帮助学生了解和掌握这个发现探索的过程性结构，然后自觉迁移到教材以外的自觉探索中，如教材安排的加法、乘法运算律的探索的过程结构（猜想——验证——归纳），我们就可以引导学生去验证减法和除法中是否存在类似的运算律。三是迁移学习的方法型结构。有的知识虽然表象不同，但却可以借鉴类同的学习方法，如平面图形面积计算中转化这一策略的运用，就可以从最基本的平行四边形从高和中点想起但面积始终保持不变，迁移拓展到三角形的折半计算和翻倍计算。教师只要把这种图形之间依据相关要素转化成已知图形的方法结构教给学生，就能激发起学生更多的运用和创造。

如在"分数加减法"单元的教学中，我们发现，整数、小数、分数加减法作为数运算的三个分支，尽管参与运算的数的类型不同，但在算理上是有相通之处——只有相同计数单位，才能直接相加减，这是运算教学中的一条算理主线，应以一以贯之的点拨渗透，使之清晰化。其次，分数加减法中因为分母的关系不同包含着不同的类型，每一种类型从计算的策略上又有所不同，因此，根据加数或减数的不同类型选择合适、简便的方法来计算，它们研究的方法结构和过程结构是一致的，同时也具有递进之处，分数减法的研究可以在分数加法的基础上有灵活结构和创造生成，这是本单元的一条逻辑展开主线。

基于以上分析，我们对这两节课进行了两种设计和尝试。

设计一

	内容安排	结构设计	递进目标
第一课时	分数加减法	分数加法教结构、分数减法用结构	1. 了解分数加减法的各种类型，感受从特殊到一般的思想方法，会用枚举法提炼抽象分数加减法的计算方法。 2. 根据同分母加法的算理迁移类比学习，探索并掌握异分母分数加法的计算方法；能运用分数加法的学习结构，自主探究分数减法，提高类比学习能力。 3. 通过沟通整数、小数、分数加减法的算理，形成加减法的整体认知结构。
第二课时	练习	探索合适、简便的计算方法	1. 能熟练地运用方法正确计算分数加减。 2. 能寻找并运用规律计算特殊的分数加减。 3. 在运用分数加减法解决问题的过程中，经历计算和估算融合渗透的沟通过程，进一步增强数感。

设计二

	内容安排	设计意图	递进目标
第一课时	分数加法和练习	分数加法教结构	1. 了解分数加法的类型，经历按类探索算法的过程，培养判断和选择的敏感。 2. 通过自主探索和观察比较，掌握异分母分数加法的算理和算法。 3. 通过沟通整数、小数、分数加法的算理，形成对加法的整体认知结构。
第二课时	分数减法和练习	分数减法用结构	1. 能自主迁移分数加法的类型和思维策略，独立分类探究分数减法的计算方法，形成思维策略。 2. 能根据算式特点判断选择恰当的方法进行灵活计算，培养判断选择的自觉意识。 3. 类比探究特殊规律，在深化认识的同时体验规律运用带来的乐趣。

这样的两种设计，都较好地达成了教学目标。分数加法作为教结构，把对类型结构的整体把握和对异分母分数加法算法探究的过程"写实"，形成清晰认识，到了分数减法，学生就会自觉迁移类比学习。因此，本单元的灵活结构体现在对类型的整体进入和对方法的验证运用，相关练习融合其中，及时巩固。本单元的递进提升体现在对分数加法和减法的综合练习，以及由此引发的特殊规律的深入探究，由表及里，层层深入，重在对学习成果的内化和思维品质的培养。学生类比研究的意识和能力得到了充分体现，对自己学什么、怎么学、学到什么程度都有了一定的思考和评判。

3. 思维与策略——由点及面，综合应用。

知识学习的最高境界是能够跳出单一的知识点，在实际问题中灵活判断、综合运用，并最终形成新的认识问题的方式和思维方式。因此，有了对教学长程的整体策划和类知识的系统规划，我们还要帮助学生构建更整体、更系统的思维和解决问题的策略，以提升学生的数学素养。

这样的培养过程一般有以下载体：一是同一领域中思维方式的关联和渗透。如在数运算领域，我们可以将估算、口算、笔算和简算融为一体，不是割裂地呈现或机械地操练，而是在新授和练习运用中始终注意设置具体情境，引导学生先判断再选择合适的方法计算，提升思维的主动性。二是整理复习过程中的沟通关联。我们积极开发整理复习的育人价值，除了教会学生如何梳理、提炼知识点之外，整理复习过程中对教材内容的整体把握，单元内、单元间、年段间乃至不同领域间，知识和方法上的相互印证、前后勾连、综合运用更是对学生思维方式的巨大冲击和影响，能培养学生整体系统的结构思维。

比如在研究"两个数的因数、倍数的关系研究"时，为了发现数之间的关系，先从两个数的一般情况出发研究，也用列举法作为研究工具，然后研究特殊情况，最后再拓展到三个数的关系研究。但如果完全套用，那么我们的课堂就会呈现出"按过程"学习的"机械化、僵化"状态，学生在课堂学习中的思维提升也因此而缓慢。作为老师，在结构提炼合理的基础上，还必须根据学生当下的状态设计递进目标，设计结构关联而又有变化的结构推进逻辑，促进学生思维结构的提升和学习能力结构完善，具体如表2-5所示。

表2-5 "两个数的因数、倍数的关系研究"结构教学

内容		两个数的因数的关系研究（教结构）	两个数的倍数的关系研究（用结构）
常规积累		写出1~12各数的因数。边写边想，一个数的因数有什么特点？	找两个数的最大公因数。边写边想：找最大公因数时发现了几种情况，怎么找它们的最大公因数？师结构性板书。
一般关系的研究	引入猜想	用观察发现的方法引入：观察一个数的因数，发现两个数或者几个数有公有的因数。 引导学生用——列举和写小找大的方法找到4和18的所有公有的因数。 个例猜想：任意两个非零自然数是不是都有公有的因数，都能找到最大的一个吗？	用类比猜想的方法引入： 任意两个非零自然数都有公有的因数，那任意两个非零自然数会不会也存在公有的倍数呢？ 学生主动迁移——列举、写小找大的方法找6和10的公有的倍数，在负迁移中形成冲突，生成大数翻倍的方法。 个例猜想：任意两个非零自然数是不是都能找到公有的倍数，也能找到最小的一个吗？

续表

	举例验证	类比数运算规律的研究方法，先确定小范围，并引导从一般情况和特殊情况两方面举例验证。	类比公因数的研究方法，确定小范围，直接按一般关系、特殊关系的类型独立举例验证。
	概括结论	没有反例，聚类分析得出概念。	没有反例，聚类分析得出概念。
特殊关系的研究		通过对丰富的资源的分类分析，生成两数不同的关系，发现找特殊关系的两数的最大公因数的方法。	直接按类交流，每一种关系的两个数的最小公倍数有什么特点？
巩固练习		单一练习： 判断关系，说出两个数的最大公因数。	综合练习： 判断关系，说出两个数的最大公因数和最小公倍数。
拓展延伸		既有横向拓展，又有纵向拓展： 三个数是不是也有公因数和最大公因数呢？三个数之间是不是也存在着特殊情况呢？ 两个数公有的因数情况已经有所研究，那还可以对两个数公有的倍数进行研究。	只有横向拓展： 我们研究了两个数的公倍数，那三个数的公倍数你能找到吗？三个数的最小公倍数又有哪些情况呢？

  第三章的五小节，就是基于以上三大策略在具体教学领域的转化。数学教学内容十分丰富，因此，只选择了其中的一些"点"展开具体阐述，希望这种"以点带面"的方式能带来启发和新的思辨。

57

第三章　我的实践探索

基于对教育和数学教学的理性认识，明确了核心素养与结构教学的关系，有了对结构教学相关策略的清晰定位，就可以深入教学实践研究，从四大领域的学科知识结构化出发，充分开发其教学内容、教学过程的育人价值，通过有效的结构化教学设计和实施，提升学生的核心素养。

第一节 "数与代数"教学的育人价值开发与策略研究

"数与代数"领域是小学数学课程的重要内容，在小学数学学习中占的比例是最大的，是整个数学学习和学习其他学科的基础，可以说它是学习数学的主线。这部分内容主要包括数的认识、数的运算、数量关系、常见的量等几部分。数学的表现形式具有抽象性，但数学所反映的内容又是非常现实的，为学生提供具体的问题情境，让学生在现实背景下探索数学模型，发展数感和符号意识，提高运算能力，这些应当成为"数与代数"教学的重要目标。

一、结构教学理念下的数概念教学

概念教学，一向是公开课选择的热点，原因在于其演绎的丰富性，但数概念教学却相对比较冷门，尤其是低年段的"10 以内数的认识""百以内数的认识""千以内数的认识"等大量属于数学学习最基础性的数学概念。而在日常教学中，教师常常是走两个极端，要么是因其简单把它看成学生默会的知识，忽略不教；要么是把学生看作一张白纸，每一阶段的数概念教学都从头开始，点状割裂，缺乏提升。

而事实上，数概念从其知识结构来看，具有较强的连续性和递进性，其知识结构所呈现的规律完全可以成为学生自主掌握学习方法和学习过程的资源。由此可见，数概念知识的育人价值应远远超越其知识本身，而成为学生掌握主动学习的一个阶梯。同时，数概念背后所蕴含的丰富的生活意义可以拓展学生的认识，而排序、分类等内容的学习也将培养和提升学生的数感。

如何进一步挖掘数概念教学所蕴藏的育人价值，如何从整体上规划和作出教学长段的递进目标设计，怎样根据知识结构、价值追求和目标设计进行相应的策略选择，并落实到具体的教学过程中呢？我们进行了积极的探索。

1. 数概念教学育人价值的开发。

传统的数概念因分散而割裂，因内容庞杂而点状活动化，学生缺乏整体把握和主动探究的意识和能力，停留在知识层面，教学的育人价值被窄化。结合数概念学习的基本要素和过程，不难发现，数概念教学有以下几方面的重要的育人价值。

（1）数学抽象能力的培养和提升。

我们从数与社会生活的联系来看，数的生成和扩展都源于人们现实生活的需要，它是从具象中抽象分离出来的，又用约定俗成的抽象符号形式来表达现实意义。因此，我们要从低年段开始，带领学生从大量的实物中通过一一对应，抽象出数学上的"数"。

例如，在教学《10以内数认识》时，教师出示挂图，请学生看着书或挂图有序地找，比比谁找的数最多，并有序地数一数自己找到的数。

师：1个大象滑梯还可以用简单的符号来表示，比方说用一个圆点表示，那2个秋千呢？

生：两个圆点。

师：除了可以用圆点表示，还可以用其他符号表示吗？

生：可以用五角星、三角形……

师：1个大象滑梯用1个点或1个图形来表示，但人们还是觉得太麻烦了，就开始用数字来表示。你知道像这样1个大象滑梯、1个点、1颗星、1个三角、1个算珠可以用哪个数字表示吗？

生：它们都是一个，所以用数字"1"表示。

师：那2个秋千又可以怎样表示呢？

……

这样在抽象的数与具体的物质实体之间建立意义关联，帮助学生感受数在现实生活中的具体意义，学有用的数学。

（2）自主认知能力的渗透和培养。

数概念教学具有很强的结构性。一是从数的外部关系来看，小学阶段从自然数到整数再到有理数，它是一个数范围向外不断扩张生成、向内不断丰富的过程结构。二是从数的内部构成来看，完整的计数系统包含三个要素：

计数符号、进位制和较高单位的表示法。三是从学生认数的角度来看，数的意义、数的组成、数的读写、数的排序、数的分类等内容，是学生认识数知识的必经之路。因此，可以借助数概念的教学，使学生经历概念不断形成和扩张的过程，把这些看似不同的知识从本质上联系起来，从而达到认知结构化的目的。

可见，数概念对学生成长具有独特的价值，它为学生的主动学习、结构性生成提供了依据和方法，为后续学习提供了知识基础和学习策略，体现了学习有用的数学。

2. 数概念教学策略的生成。
（1）更新资源观：在互动和体验中类比迁移。

数的认识大量存在于现实生活中，又是不断生成和丰富的，因此，它本身就是一个巨大的资源库，有待学生从它的外部和内部进行挖掘。而学生的学习过程，又会有新的生成和创造，可以成为教学的资源。

生活即经验，唤醒学习的源头活水。数对学生而言，既熟悉又陌生，他们在生活和学习中经常不自觉地运用，但对数的意义、组成和类别却不清晰，读写和排序有一点经验但缺乏方法，而对万及万以上的数，由于与学生生活距离较远，学生难以感受到其现实意义。因此，教师可以通过指导学生收集现实生活中的数来感受它们就存在于自己的身边，需要用数学的眼光去发现和感受，同时这些收集的数据也可以作为课堂上鲜活的资源，去理解和抽象。

例如，在教学《万以内数的认识》时，教师通过分析发现：学生通过百以内数的认识、千以内数的认识的学习，已经积累了数概念学习的经验，会收集数字信息，知道将数归类、提炼出读数的方法等等。在此基础上，本节课要求学生能主动地将千以内数的学习经验迁移到万以内数的学习中，对数分类、提炼读法。

通过课前的了解，发现学生存在如下困难：第一，学生思维呈点状，如学生难以形成对"中间有0"各类情形的整体结构化认识，所以在资源的收集中，需要特别关注"0"的位置，从而比较沟通千以内数中的认识与万以内数的认识之间的相同与不同。第二，学生对"万"这样一个大的计数单位缺乏感性认识，需要通过贴近学生经验的丰富的例子，让学生在具体的情境中感

63

知 10000 的大小，使学生经历从具体到抽象再到具体的反复体验的过程。

在教学中，教师请学生课前收集生活中万以内的数，并在课堂上进行充分的利用。

如：我的成语字典有 1317 页。

常州有 2500 年的历史。

某国道全长 5000 多千米。

可口可乐一等奖可以获得 2009 元。

我家的电脑价格是 4050 元。

南京长江大桥全长 6772 米。

我校师生共有 1870 人。

用处一：课前，利用各种途径收集，把自己收集到的信息先尝试读一读、写一写，形成初步感知。

用处二：课堂上，选择其中一部分典型数据印发给学生，请学生先试读带有数据的信息，然后将理解有困难的数放入数位表中试读，加深对位值制的感受和体悟。

用处三：学生分类学习各种数的读法后，请每个学生拿出自己收集的带有信息的数，相互读一读，作为即时练习，及时检验学习效果，并感受数学与生活的联系。

用处四：通过这些身边熟悉的事物，将数与量有机结合，初步形成几千、一万的大小概念。

用处五：在比较大小的教学中再次运用，在方法迁移中掌握类比学习的策略。

过程即体验，类比学习的结构推进。数概念认识是一个在循环中生成的过程，它在整数领域分成几次大的循环：正整数（百以内数的认识、千以内数的认识、万以内数的认识、大数的认识）、负整数，在分数领域分成两次小的循环，在小数领域也分成两次小的循环。每一次循环看似各不相同，但都是从数的意义、组成、读写、排序和分类等方面来认识。数的认识的内容相似和循环排列，为教学中的长程结构设计提供了可能。因此，我们可以把起始的内容作为"教结构"阶段，带领学生感悟其基本认识框架，后续的类似内容作为"用结构"，引导学生类比迁移，主动去探索和掌握。具体见下表。表 3-1。

表 3-1　"数的认识"教学结构框架表

年级	大循环	小循环	过程
一年级	百以内数的认识	10 以内数的认识 20 以内数的认识 100 以内数的认识	在教师的带领下感受数认识的框架结构
二年级	千以内数的认识		能逐步用自己的语言总结这一认识的结构框架
三年级	万以内数的认识	分数的初步认识 小数的初步认识	回忆并有意识地从框架出发进行认识
四年级	大数的认识		主动运用结构并迁移到大数的认识中
五年级	正负数的认识	小数的认识 分数的认识	运用这个结构主动认识正负数

差异即资源，催生课堂的推进力量。每个学生作为具体存在的个体，经验积累和学习能力各不相同，这是课堂推进的直接动力。教师只有注重了解和分析学生前在的已有经验、个体差异，注意思考学生潜在的多种可能，注意分析学生学习过程中可能存在的问题、困难和障碍，才有可能在教学实施过程中根据学生基础状态进行针对性的教学。数概念教学中，由于学生的生活经验和知识基础存在较大差异，为生成差异、捕捉差异、利用差异提供了可能。

例如，在教学《千以内数的认识》时，学生掌握了三位数的读写后，教师提出问题。

师：9个百再增加1个百是多少？你能在数位表中写出一千吗？

学生在数位顺序表中写一写，可能出现以下情况：

百 十 个
位 位 位
1 0 0 0
　1 0 0
　　　0

1　0　0

　　　0

1　0　0　0

师：这些写法都看得懂吗？他们都想表达什么？

学生个别回答后教师小结：一百一百数，数到10个一百就是一千，就有一个新的计数单位产生，那就是"千"。计数单位"千"在数位顺序表上的位置就叫做"千位"。

在课堂中关注学生的不同状态，捕捉、判断和利用学生生成的各种基础性资源，并把它们作为生生和师生有效和高质量的互动性资源，就能有效地促进概念的生成和建构。

（2）更新过程观：在分类和聚类中灵活结构。

根据整数、分数、小数中包含的认识内容的差异，其教学过程也呈现出基本稳定的结构，我们概括为：

整数教学：感受意义，抽象理解——迁移旧知，分类读写——生成数位，感受新数

分数教学：辨析比较材料——提炼概括本质——归纳概括命名

小数教学：类比理解意义——分类把握读写——感受现实意义

纵观这几种数概念教学的基本结构，不难发现，其中数的分类分析、聚类概括和沟通演绎成为其核心的策略，具有普遍意义。

分类分析，明确基本特征。学生收集的大量具有现实意义的数，如果一个一个单独去认识和理解，是不现实的。因此，我们在为学生提供大量丰富的事实材料进行研究时，要让学生在充分感知的基础上进行辨析比较和分类分析，也就是依据数的构造结构提炼数的读写规则。活动前，要向学生交待分类活动的目的。通过分类，学生体会到每一类数根据其结构的特点，有确定的读写规则，这样就可以从类型的角度整体把握，有效迁移。

如在《万以内数的认识》教学中，教师请学生把收集来的数放入数位表中试读。

问："这些数分别是什么类型？"如果每类数会读了，那么所有4位数都会读了。

引导学生借助千以内数的分类方法对万以内数进行分类。当学生把数按照有0和没有0分成两类后,教师在过程中指导:想一想,这些数能不能再继续分呢?

呈现分类结果,组织学生讨论。

先看一级分类:没有0的数、末尾有0的数,并归纳小结相应的读法——高位起、依次读;末尾0都不读。

再看二级分类:中间有0的数,这些0都在什么数位上?这类数的读法又是怎样呢?从而提炼法则——中间0读一个。

最后看特殊情况:中间、末尾都有0的数又是怎样读呢?提炼法则——中间0读一个,末尾0都不读。

聚类概括,清晰概念内核。分类只是手段,对分类之后的材料进行聚类分析,从而发现概念的本质才是目的。学生在列举大量事实材料的基础上,通过对这些背景不同但本质相同的事实材料的聚类分析,来发现这些材料背后的本质属性,从而归纳概括和抽象提炼出概念。这些环节需要用语言加以表达,可以在分类过程中先引导学生用自己的语言对分类标准和材料特点进行表达,在这些本真语言表达的基础上,教师进行修正和提炼,帮助学生形成规范的语言。在举例演绎时再为学生提供用规范语言表达的机会,这样,随着表达的清晰流畅,学生对概念的本质属性也就越来越清晰,概念形成也就水到渠成了。

例如,在《分数的初步认识》中,教师出示一些外形不同、分法不同的图形,指导学生一级分类。

学生情况预设:

(1)无从下手。(2)依据外形进行分类。(3)按分的份数进行分类。(4)按是否平均分进行分类。

在此基础上,教师组织了三次聚类分析,引导学生用自己的语言描述看到的结果,并通过一次一次的交流提炼概括,形成规范的数学语言,同时也清晰了概念。

第一次:观察黑板上呈现的分类结果,和同桌轻声地说看到的分类依据和分类结果。

第二次:聚焦"平均分"的几类情况,说说它们有什么相同点与不同点。

第三次：以平均分成两份的为例，请学生说说它们有什么共同的特点，怎样表示。

最后小结：像这样，把一个图形平均分成两份，阴影部分是其中的一份，就可以说阴影部分是这个图形的二分之一，记作$\frac{1}{2}$。

在及时拓展中进一步利用表达廓清概念的本质：

一问：谁看懂这个数了？你也能这样说说它的意思吗？那白色部分呢？可以概括成一句话吗？

二问：平均分成三份、四份的情况又该怎么说？可以用怎样的分数表示呢？

三问：是不是只能平均分两份、三份、四份呢？你能用一句话来概括吗？

四问：是不是只有这四个图形能平均分成两份呢？是不是只有图形能平均分呢？是不是只有一个物体可以平均分呢？

就在这样一次次聚焦、一次次追问中，学生对概念也从最本真的、点状的认识逐步上升为清晰、全面的理解，概念也就自然而然成为学生能够自主把握和运用的基础性认识，丰富着学生的数学学习经验。

沟通演绎，提升应用价值。不论是整数的认识还是分数、小数的认识，都要注意两个层面的及时沟通，一是内部的沟通，二是不同数领域间认识的沟通。就整数内部而言，沟通各数位之间的进率关系和各循环之间的读写结构的关系，使学生经历"借助已有数位表认识读写——发现更大数的存在，产生建立更大数位的需求——创生新的计数单位和数位"的不断完善的过程。就整数与分数而言，沟通实体关系与抽象关系，帮助学生感悟、理解和掌握分数的抽象意义。就整数与小数而言，沟通十进制关系，使学生能运用小数的构造特点创造生成新的小数。

在数的概念初步形成后，教师要帮助学生对概念的内涵形成丰富的认识，因此可以让学生根据概念的内涵进行举例、演绎和运用，拓展学生的视野和思维。学生以同桌或小组的方式进行举例，再全班交流，集聚全班学生发现的眼光和丰富的资源，激发学生将学到的数学知识与现实生活建立联系，从而进一步加深对数概念的理解。

从结构的视野出发，基于数概念教学的独特价值，我们从价值再认、资源挖掘和策略加工等角度入手进行教材文本资源、学生前在经验、潜在可能和个体差异等学情资源的开发。作为课程的策划、实施、创生者，我们同样关注教师自身资源的开发，这样的系统思考和策划，锤炼和提升着教师的思维品质，实现数学教学改革的系统重建。

二、结构教学理念下的数运算教学

数运算教学是小学数学教学的重要内容，培养和发展学生的运算能力是小学数学教学的主要目标之一，也是学生的数学核心素养之一。《义务教育数学课程标准（2011年版）》指出，运算能力主要是指能够运用法则和运算律正确地进行运算的能力。运算能力有助于学生理解运算的算理，有助于学生寻求合理简洁的运算途径解决问题。这两句话实际上刻画了运算能力的三个主要表现特征：正确运算、理解算理、掌握算法。

运算教学在小学阶段占很大的比重，它按照运算知识的演变规律和小学生认知规律的发展有序排列，并呈螺旋状上升，贯穿了整个小学数学的教学过程，是后续解决实际问题、进行实践运用的基础。因此，教师如何把握计算教学来凸显小学数学学科的育人价值，将大大影响整个小学数学学科的育人价值的体现。

然而，在实际教学中，因为数运算教学面广量大，又过于机械、枯燥，难以引起教师的重视和学生的喜爱。让学生记住运算法则，围绕一些重难点进行机械操练，以确保计算的正确率，也似乎成了数运算教学长期以来的一种模式。

1. 数运算教学育人价值的开发。

研究证明：运算是构成数学抽象结构的基本要素，运算对象在不断扩展，运算律也发生了变化，运算的作用日趋强大，运算可以产生新的数学对象，运算可以解释数学对象，运算可以进行推理和证明。通过运算教学明理践行、发展思维，应是运算教学的教育旨归。

（1）把握数学运算的基本特征。

运算作为数学最主要内容之一，在学生发展数学核心素养方面具有独特的、不可替代的育人价值。数学运算具有以下特征。

思维性。数学运算的核心是思维能力，突出算理和逻辑推理。运算中要经历分析运算条件、探究运算方向、选择运算方法、确定运算程序等一系列思维过程，有助于提高学生的逻辑推理能力，形成言之有据、合乎逻辑的思维习惯；形成根据问题的条件，寻找设计合理、简捷的运算途径及在运算中遇到障碍而调整运算的能力。

贯通性。运算内容分散在不同学段、不同领域，以不同数学知识为载体呈现，具有一定的跳跃性和分散性，但各种运算之间存在着联系。纵向来看，可以概括为算术四则运算——代数运算——一般运算的发展过程。横向来看，可以分为一级运算、二级运算、三级运算，同级运算在一定条件下相互转化，在发展中又可统一起来。运算的首要任务是实现从较高层次到较低层次的转化，从而简化运算，这样的纵向贯通和横向变通内蕴了对学生关系思维和灵活运用能力的培养。

发展性。历史上数的发展主要经历了三次扩张，数概念的每一次扩展，都是解决数学运算中所出现种种矛盾的必然结果，运算的需求直接构造了运算对象，推动了数和运算的发展，使运算不断走向丰富和综合。人类创造性活动的结果，是不断运用归纳、类比、推广、限定、对称、逆向思维等方法的产物，以运算为线索看，数学的发展处处体现了人类勇于探索的创新精神。

时代性。信息时代，计算机成为人们生活和工作不可缺少的工具，算法是连接人和机器的纽带，每一个算法都是一个证明——构造性的证明或论证。一步一步程序化步骤即"算则"固然重要，但实施这些步骤的依据即"算理"更基础，通过算法程序把定理证明中的创造性工作转化为非创造性工作，才有可能把定理证明交给计算机完成。从这个意义上讲，数学运算是基础性和应用性的，对算理的理解和转化是学好运算的根本保障。

（2）清晰运算教学的育人价值。

基于以上对运算本身特点的研究，不难发现，小学阶段的数运算教学，除了可以使学生理解算理，还可以掌握各种运算方法，形成相关的实际运用能力，具体而言，至少包含以下几个方面的育人价值。

培养运算能力。通过对运算意义、算理和运算法则的学习，形成对三者的整体理解和把握，掌握多种运算方法，能正确和较熟练地进行各类计算，形成较好的基本运算能力。

发展思维能力。通过对估算、口算、笔算、简算四种运算的融合教学，提升学生对不同运算方法适切性的理解和把握，提升学生对数据的敏感，提升学生对运算方法进行灵活判断、选择、运用的能力，从而发展思维的敏捷性和灵活性。

提升探究能力。通过对运算律和相关运算规律的研究，掌握规律探究的一般方法，提升有序观察、聚类分析、概括提炼的能力，并在运用已有的规律解决实际问题的过程中，提高解决问题的灵活性和简洁性。

渗透推理能力。通过根据运算意义、运算法则推导运算律的过程，建构运算律与运算法则之间的内在联系，发展学生演绎推理的能力。

2. 数运算教学策略的生成。

运算教学策略研究，可以从宏观、中观、微观等层面展开探讨。宏观上，要注重运算内容的整体性，以整体的视角研究、整合教学目标和教学内容。中观上，要重视算法算理的相互理解和融通，让学生知其"法"，明其"理"。微观上，要理清运算能力的层次性，实现层次与关联的有效转化。

（1）整体梳理，清晰教学走向。

基于学生的年龄特点和后续学习的需要，许多数学内容是从知识网络中选择部分"点"作为学习的素材，这样的内容选择就使原来具有很强结构性的知识链发生了断裂，容易让教师和学生只看到孤立的知识点，而看不到有内在联系的知识整体。因此，首先要对小学阶段12册教材中的运算内容进行纵向梳理，在此基础上架构能级目标，从整体上把握运算教学的时序进度和阶段重点。

确立能级目标。为了在教学中清晰年段目标，并分阶段、递进式实施核心素养培养，我们尝试构建了数学运算能力的纵向年段能级水平。如下 3-2 所示。

表 3-2 "数学运算能力"的纵向年段能级水平

年段	培养目标
低年段	经历"归纳——演绎"过程,理解加减乘除运算的意义;发现 20 以内加减、表内乘除算式之间的内在关系和规律,形成熟练的运算能力;了解百以内加减和用一位数乘除的基本类型,理解基本算理,掌握学习方法结构;能在具体的情景中,基于运算意义的理解、数量关系的分析,判断用什么运算解决一步的常规问题。
中年段	能运用学习方法结构主动学习三四位数加减法、两位数乘除;理解笔算意义,掌握笔算方法;了解混合运算结构,掌握运算规律并进行简算;整体了解小数运算的基本类型,能迁移整数运算法则;理解加减乘除估算的现实意义和方法意义;能根据运算意义、运算方法、运算规律,对运算过程或运算结果进行简单推理,判断运算结果间的关系;能根据具体情境判断和选择恰当的方法灵活解决稍复杂的常规问题。
高年段	了解分数各种运算的基本类型,会用枚举法提炼抽象法则,会用转化的方法解决复杂的分数运算问题;主动形成分数混合运算的各种类型,主动运用整数、小数四则混合运算的法则进行分数四则混合运算的计算,能主动运用规律进行简便运算,能根据具体情境分析判断、选择创造恰当的方法灵活解决非常规问题。

创造性使用教材。教材是知识的载体,是教与学的主要凭借。在弄清教材的特点、编排结构、设计意图后,还需要教师在教学中不断实践,对教材的资源进行有效开发和创造性使用,将学生学习生活的基本素材进一步丰富和完善,以更清晰的结构的方式,实现更佳的教学效益。

①教材的重组。

基于对教材的理解,尤其是对学生学习需求、学习困难、学习可能的把握,适当调整、重组教材的顺序或呈现方式,有时能起到事半功倍的作用。教材呈现方式的转换,其实就是教师思维方式的转换,教材的整合重组,既历练了教师的学科素养和思维品质,又激发了学生的数学兴趣,培养学生的各项数学能力,真正实现了双赢。

如在一年级上册"数的分与合"教学中,一方面 3～9 的分与合之间具有类同关系,另一方面数的分与合就是为后续的"10 以内加减法"奠基,因此可以对教材进行适当的调整和重组。首先,把"3 的分与合"作为"教结构"

阶段，指导学生按照分一分、说一说、写一写的方法学习分与合，把"4~9的分与合"作为"用结构"阶段，学生基本上能按照以上方法结构来进行主动地学习。在此基础上，及时穿插相应的加减法教学，学生的分合学习有意义，加减计算有抓手，这样的结构重组提升了学生自主把握学习、逐步感悟知识间内在联系的能力。

再如，在二年级乘法口诀的教学中，我们大胆地进行了教材重组：一方面是以"大九九"的方式把口诀学习的顺序加以改变，在学生认识了乘法的意义以后，把最简单的"一一得一"到"一九得九"这九句口诀放到一起教学，并归纳出"看一看，写算式——编一编，说口诀——比一比，找关系——记一记，快计算"的学习结构。学生在学习"二"的乘法口诀、"三"的乘法口诀时……就能很自然地进行迁移学习，口诀越学越少，学生也越学越轻松，这不仅培养了学生的学习能力，学习效果也不错。

把"加倍"和"减半"的特殊关系作为"比一比，找关系"中的一个方法纳入整个认知框架之中，改变口诀记忆中的枯燥感，提高学生对口诀之间关系的敏感度和灵活运用不同方法记忆口诀的能力。教学中可以把"2的乘法口诀"作为"教结构"阶段，让学生找一找哪些是已经学过的乘法算式，学生就会发现 $2×1$ 已经在1的口诀中出现过，通过把 $2×2$ 分拆成 $2×1+2×1$、$2×3$ 分拆成 $2×1+2×2$……，学生能有序地根据已知推出未知，这样在不知不觉中给学生渗透了转化的思想，实现了新旧知识之间的迁移。学生学习了更多口诀后，还可以通过横着比、竖着比，寻找不同乘法算式间的相互关系，培养多角度思维能力。比如，横着比时，学生就会发现 $1×5$ 和 $2×5$ 这两个算式之间有倍数关系；竖着比时，会发现 $2×4$ 不仅和 $2×2$ 有倍数关系，和 $2×8$ 也有倍数关系。学生从一开始目标不清的无序分拆逐渐走向有目的的有序分拆，这个过程不断强化灵活运用乘法的意义，同时也初步渗透了乘法分配律的思想，学生的思维向更深处、多角度发展。

②教材的创编。

教材由于篇幅有限，例题设计和练习设计往往言简意赅，对生活素材和数学素材进行了适当的去粗取精的加工。这同时也带来一个弊端，就是问题直指当前学习内容，学生容易简单化处理，形成思维定势。这时不妨根据对育人价值的多元解读，大胆引进或创编例题、习题的素材，让学生在探索中发现、应用，感受数学思想方法，锻炼各项数学能力。

以数量关系的教学为例，学生在一、二年级通过对简单部总关系、相差关系、份总关系、倍数关系的整体感悟，对条件与问题之间的对应关系和相互转换有了初步的感悟。三、四年级通过两步、三步复合数量关系的学习，对数量关系复合的来龙去脉也有了初步的体悟，明确了"知二求三""知三求四"这样的数量关系。在六年级建立了"比"的概念后，教材先安排学习按比例分配的问题，再设计多层次的练习丰富学生认知，提高应用能力。这样的教学过程，没有关注到其实比的运用也是数量关系的教学，是一次对数量关系整体把握能力的提升契机，这与前期数量关系的教学是完全割裂的，学生的认识是被动、点状的，难以形成对比的、应用的系统认知结构。

基于这一思考，我们对教材进行了改编，一是设计开放的情境，让学生补充条件，初步感知"比的应用题"的基本结构。二是运用这一基本结构经历多层次、多角度的编题练习，进一步理解问题结构；清晰数量关系，体会对应思想，从而建立关于比的实际问题的基本方法的整体认知，并沟通新旧知识间的联系。三是进一步引入变式要求，引导学生灵活运用比的知识解决实际问题。这样，将这个单元拉宽，与数量关系教学的过程结构进行关联式的教学，帮助学生编织思维的互联网。

【课例：感知"比的应用题"的基本结构环节】

1. 开放问题，引发需求。

出示信息：把一些格子按3：2涂成红黄两色。

师：根据这个比你能获得哪些信息？你知道黄色涂多少格吗？

生：要知道一些条件，否则不知道涂多少。

师：补充怎样的条件，就能求出黄色涂几格呢？把你的想法写出来。

2. 已知总数，求部分量。

资源呈现：一共有30格。

生：补充了两种方块的总数。

师：补充了总数，就能求出黄色的格数。应该怎么求呢？除了能求出黄色，还能求出什么呢？

生：还可以求出红色方格和两种颜色的相差量。

3. 已知部分量，求其他量。

师：刚才我们补充了总量，可以求出红色、黄色、相差量。还能补充什么条件呢？

生：还能补充红色格数、黄色格数、两种颜色的相差量。

师：你能补完整吗？补完了就算一算，写在后面的虚线上。

4. 拓展到三个量的比。

师：还可以按照怎样的比来分呢？

生：把一些方格按3∶2∶4涂成红、黄、绿三种颜色。

生：如果补充的是总量，求的是部分量或相差量，如果补充的是部分量或相差量，可以求总量。

……

5. 梳理发现，沟通关系。

师：通过这些问题的研究，你有什么发现？

生：知道其中一个量，就可以求其他的两个量。

生：不管怎么变，解题思路都是一样的。这相当于我们以前学过的复合分总关系的应用题。

这样的改变，一是改变了以往老师"不断变题"学生"埋头解题"的状态，把"变题"的本领教给学生，引导学生在"变题"中不断感知"比的应用"的类型变化，形成各种变换之间的路径意识和思维策略。二是通过对"比的应用"的数量关系形成过程来龙去脉的"沟通"，把新的数量关系纳入已有的认识框架，帮助学生形成对复合数量关系的整体认识，使学生在把握形成过程的基础上更好地进行有意义的问题解决。这样的整体结构化的学习和思辨的过程也对学生思维的网状关联起到了较好的促进作用。

（2）整合融通，促进灵活转换。

小学阶段的数运算内容主要包括加、减、乘、除的意义认识和整数、小数、分数的四则运算，每一种运算又包含着估算、口算、笔算和简算这四种计算形式。不管是横向还是纵向，它们之间都有着紧密的联系。四算之间具有密切相连的内在关系，要以有机融合、综合渗透的方式进行。

口算主要根据数的组成或运算的意义来获得运算结果，它是其他运算的基础。笔算是以口算为基础的复合运算，可以用横式来表达，也可以用竖式来表达，不管用的是哪种形式，都能展现笔算的过程结构，本质上都是对笔算法则的具体体现。简算有两种，一种是数据上的"凑整"使其简便，另一种是利用数运算的规律或性质使其简便。简算是一种体现高级思维活动的特殊方法，实现了用口算的方法解决问题，而通过笔算的运算法则进行计算的方法是一种反映底线目标的一般算法。估算是对笔算近似结果的估计。它们的对象都是同一个算式，只是获得的结果不同而已。估算获得的是近似的结果，笔算获得的是精确的结果，两者获得的结果之间可以互相佐证。明晰了四种运算方法各自的特征以及它们之间的相互关系之后，就可以在不同的教学中进行各有侧重的落实和长程的渗透。

如，三年级上册"两位数乘一位数"教学，本单元主要教学两位数、三位数乘一位数的口算、估算、笔算，是本套教材整数乘法的一个新的起步，要让学生在计算过程中逐步感受到竖式的必要性和优势。这部分内容的教学，可以使学生掌握用一位数乘的口算、估算、笔算的方法，为以后进一步学习用两位数乘打好基础；又能使学生在联系问题情境学习乘法计算和应用乘法解决实际问题的过程中，进一步掌握常见的数量关系，体会计算与现实生活的联系，增强应用意识。

二年级上册，教材安排了一位数乘一位数的表内乘法，这是本单元学习的基础，也是所有乘法的基础。与三年级下册的两位数乘两位数、四年级上册三位数乘两位数相比，教材有着相同的知识编排结构，如下图：

（整数）乘法

用一位数乘　　用两位数乘　　用三位数乘　　……

一位数　　一般的两、三位数　　末尾有0的两、三位数　　……

本单元最重要的内容是两位数、三位数乘一位数的笔算，其中也包含一部分口算和估算。但是教材分例题编排的顺序，容易割裂口算、估算、笔算之间的内在联系，产生局限于某种算法的单一的教学，更重要的是会导致学生缺乏根据具体情境判断选择恰当算法的主动意识。因此，教学中可以对教材进行重组，按照口算、估算、笔算的顺序进行教学，有机融合多种算法，培养学生根据具体情境选择算法的能力。教学笔算时，除了要注意帮助学生理解笔算过程的方法结构，还要注意在日常课堂中有意识地培养估算的意识和能力，并注意养成学生先估后算再比较的计算习惯。

因此，本单元可以进行这样的课时划分：

第 1 课时　两位数乘一位数口算、估算

第 2 课时　倍的认识及其应用

第 3 课时　练习一

第 4 课时　不进位的两位数乘一位数估算、口算与笔算

第 5 课时　进位的两位数乘一位数估算、口算与笔算

第 6 课时　练习二

第 7 课时　连续进位的两位数乘一位数估算、口算与笔算

第 8 课时　练习三

第 9 课时　有关 0 的乘法

第 10 课时　复习

在此之后，再迁移学习三位数乘一位数、更多位数乘一位数。

第一课时是口算与估算的融合。整十数或整百数乘几的口算学习之后，教师在教学中可以创设一些实际情境，让学生感受估算的实际意义。如：①每辆小客车有 28 个座位，3 辆小客车大约能坐多少人？②三年级外出春游，一共有 4 个班级，平均每个班级有 38 人，如果给每人一瓶矿泉水，学校至少要为三年级准备几百几十瓶矿泉水？在估算方法的交流中，让学生明确一般可以把两位数、三位数看成接近的整十（百）数，与一位数相乘得到结果，当然也可以对一位数进行估算，让学生感受到估算的意义和方法。

第二课时是估算、口算和笔算的融合。教师可以先让学生估算出算式的结果的大概范围，然后提出开放性的问题："你能用自己的方法算出一共有多少只大雁吗？"学生充分调动已有知识基础和学习经验，有可能是通过学具操作算出计算结果，有可能是转化成口算，也有可能是列出竖式。

（1）摆小棒　　　（2）加法口算　　（3）乘加口算　　（4）竖式计算

$$12+12+12=36 \qquad 10\times3=30 \qquad \begin{array}{r} 1\ 2 \\ \times\quad 3 \\ \hline 6 \\ 3\ 0 \\ \hline 3\ 6 \end{array}$$
$$2\times3=6$$
$$30+6=36$$

这时，教师可以引导学生由浅入深，分层交流：第一层次，解释摆小棒和加法口算，发现具体的实物操作与抽象的算式表达之间的递进关系，感悟数学语言的简洁，也引发疑问："如果不是3队大雁，而是30队、300队，你还打算这样算吗？"感悟原有方法的局限性，激发寻求更优方法的意识和兴趣。第二层次，解释乘加口算中分三步完成的顺序和价值，为后续竖式计算奠定算理基础。第三层次，解释竖式的运算顺序，并沟通与乘加口算的内在联系，在学生理解笔算顺序和规则的过程中，教师可以用不同颜色的笔画箭头等方式加以梳理，在此基础上引导学生观察比较，发现与口算之间的联系，进一步加深对算理、算法的理解和掌握。如下图。

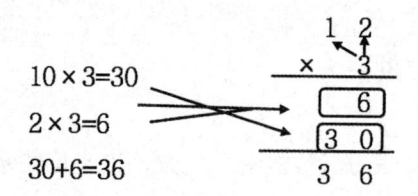

$$10 \times 3 = 30$$
$$2 \times 3 = 6$$
$$30 + 6 = 36$$

最后，还可以回到估算，在相互印证中感受估算的意义。这一节课，虽然教学重点是笔算的学习，但估算、口算有机渗透，不仅体现为算法的多样化，更从算理和算法层面沟通了几种运算之间的内在联系，这样有主有从、有机渗透的教学环节推进，在确保全体学生掌握基本方法、探讨建立新的运算法则的基础上渗透灵活运用运算方法的意识。

（3）层次拉伸，促进迁移类比。

"加减乘除"运算内部所蕴藏的不变规律和共变规律是一个纵向不断拉伸的整体，而从偶然现象出发，经历猜想、验证、归纳和概括，抽象出一般数学结论的过程更是一个研究意识和能力不断形成的过程，如何整体地认识和结构化地把握这些数运算的规律，帮助学生形成认知的结构化，从而建立起结构化的思维方式呢？

首先对教学进程进行了整体规划，将这个单元拉长，如下表3-3所示。

表 3-3 "加减乘除"运算教学过程整体规划

时间	资源	知识结构	教学安排	教学结构
四（上）	教材内容	加法交换律	课内学习	观察猜想、验证猜想、概括结论、总结延伸
		加法结合律		直觉猜想、验证猜想、概括结论、总结延伸
		乘法交换律		类比猜想、验证猜想、概括结论、总结延伸
		乘法结合律		
		连除性质		观察猜想、验证猜想、概括结论、总结延伸
	练习资源	连减性质	课内学习	类比猜想、验证猜想、概括结论、总结延伸
	拓展内容	差不变性质	课外自主探索	观察猜想、验证猜想、概括结论、总结延伸
		商不变性质		类比猜想、验证猜想、概括结论、总结延伸
四（下）	教材内容	乘法对加法的分配律	课内学习	观察猜想、验证猜想、概括结论、总结延伸
	练习资源	乘法对减法的分配律	课内学习	类比猜想、验证猜想、概括结论、总结延伸
	拓展内容	除法对加减法的分配律	课外自主探索	类比猜想、验证猜想、概括结论、总结延伸

这样一个学习的长程结构，可以使学生对数运算规律的探究从"教"走向"学"，从"课内"走向"课外"，从"有限"走向"无限"。

其次，我们对数运算规律探究课与课之间的纵向联结进行了递进设计，帮助学生搭建思维的脚手架。

在四年级下册《运算律》单元，我们将加法、乘法运算中不变规律的探索集中在一起进行呈现，又将减法、除法运算中不变规律的探索集中在一起进行教学。这样的纵向重组，将人为破坏的数运算规律的知识结构重新修复完整，一方面有助于教师整体把握知识间的紧密联系，整体设计学生的能力培养梯度。另一方面也为学生提供了更多实践和反思机会，有利于学生整体和结构化地把握知识，为学生的类比猜想和结构思考提供可能，而且有利于学生形成主动探究的学习心态，在形成知识结构的同时建立起结构化的思维方式。

加法交换律和结合律是规律性知识学习的起点内容，这一教学内容是学生建立结构意识和结构化思维方式的关键，所以通过对"加法运算律"运用探究式的教学结构"观察发现、提出猜想、举例验证、概括归纳、拓展延伸"开展教学，促使学生在这个运算定律的"教结构"的过程中，知道基本的规律性学习的结构和探究规律的一般方法和步骤，采用不完全归纳法对规律性知识进行验证，形成初步探究规律性知识的能力和意识，为后续的主动研究其他的运算定律作充分准备。

紧随其后的乘法交换律、结合律以及相关的简便计算，整个教学的过程和加法类似，都是先让学生初步感受可能存在这样的运算律，再让学生通过举例验证，经历分析、综合、抽象的过程，得出运算律，并且用字母表示。不过，探索的要求有所提高，需要学生能从学习加法交换律和结合律的方法结构中主动迁移，自主进行探索，利用已有经验，探索和学会简便算法。

减法的运算性质在现行的苏教版教材中没有编排，只是在二年级"用连减解决实际问题"和低年级的口算题组练习中有所渗透。部分教师意识到这一缺漏，借助练习进行了拓展教学，但对教学设计的思考相对缺乏整体和深入，缺少与已经学过的部分数运算定律沟通和类比，仅仅停留于理解和运用，而不注重研究意识的培养和研究方式的贯穿。我们将减法的运算规律教学安排为两个课时：一是连减性质，通过偶然问题引发学生对一般进行猜想，并通过分类比较凸显规律简便使用的前提条件，这是规律探究教学至此的重点所在；二是差不变性质，通过天平实验引发学生根据观察进行猜想，从而揭示被减数与减数以加减方式变化有规律存在，这是学生理解的难点所在。

通过加法运算定律的"教学结构"阶段、乘法运算定律的"运用结构"阶段和减法除法运算定律的"自主运用结构"阶段，学生对于研究的路径、研究的范围和材料的有序罗列等研究方法有了一定的认识和积累，初步具备了研究的意识和能力，对规律的特点把握，对规律使用的前提条件，对数学语言的概括运用有了逐步深入的体验，结构化的数学思维得到了有效提升。

三、结构教学理念下的估算教学

估算，作为一种与生活直接相关的重要的数学能力，已越来越受重视。作为一线教师，有必要从理性层面厘清什么是估算，有必要进一步思考为什么要进行估算教学，不同类型的估算对于学生数学能力的发展而言分别具有怎样的独特价值，从而为实践搭建框架、指明方向。因此，我们将估算教学单独作为一个部分进行研究和阐述。

1. 估算教学育人价值的开发。

在现实生产生活中，人们常常会用到估算，比如：为了准时到某地参加某项活动，要估计什么时候出门比较合适；为了按时完成某项任务，每天大约需要完成多少才来得及；等等。在数学上，估算是计算能力的重要组成部分，是一种重要的思想方法和数学能力，是当前国际小学数学教育中比较重视的一种能力。《课程标准（2011年版）》也将估算作为发展学生数感和应用意识、培养学生运算能力和推理能力的重要途径和手段。

（1）把握数学估算的基本特征。

估算能力是指个体在利用一些和估算有关策略的基础上，通过观察数的特征、比较结果和某目标之间的大小、做出判断等方法，获得概略化结果的能力。估算并不需要精确答案。估算能力的发展依赖于近似数表征。可见，估算是一个过程，是一个带有主观意愿的、个性化的、复杂的思考过程。从估算产生的结果来看，有的是获得一个量的判断，有的是获得一个猜想、思路或方法等非量的判断，前者为定量数学估计，后者为定性数学估计。综上，不难发现，数学估算具有以下显著特征。

主观性。估算是一项带有强烈主观意愿的活动，估算目的具有主观性，可以激发主动学习、自主探究的愿望，促进个性发展。

意义性。估算不是为估而估，不论是数学情境还是生活情境，都能激发人们估的需求，估算问题具有意义性，能引导人们用数学的眼光观察现实世界，进一步认识数学的科学价值、应用价值和人文价值。

开放性。众多研究者对不同年龄阶段、不同学科背景、不同生活经验的人的估算能力研究发现，估算方法因人、因时、因问题而不同，估算方法具有极大的开放性，可以较好地促进学习者知识、技能之间的融会贯通，培养思维的灵活性和独创性。

复杂性。估算虽然通过改写、简化可以相对快速方便，但估算的思维过程却有很多步骤，估算过程具有复杂性，可以较好地发展思维的条理性和抽象性，促进数感、数据分析能力、推理能力的提升。

思辨性。估算出来的结果，往往并不能（直接）解决问题，还需要与问题进行比较，依据估算目标进行推理，因此估算结果具有思辨性。估算需要人们用数学的思维分析世界，发展逻辑推理、数学运算素养，用数学的语言表达世界，发展数学建模、数据分析素养，并最终提升思维的综合性和概括性。

可以说，估算活动蕴含着深刻的教学意义和多元的育人价值，估算对发展学生的数学核心素养具有不可忽视的作用。

（2）估算教学存在的问题。

随着课程改革的推进，我国小学估算教学得到了快速的发展：估算教学在教材中的覆盖面不断扩大，编排也拾阶而上，在螺旋式学习中逐步渗透、增强估算意识、估算方法和估算能力；教师估算教学意识和水平有所提高，教学方法和估算策略逐步走向多样化；学生估算能力得到了一定提高，其思维的灵活性和独创性也得到了一定的发展；与估算相关的能力评价标准也在逐步探索中。

但是，通过日常的观察和对部分教师的访谈，我们发现估算教学往往存在以下具体问题。

价值取向存在偏差。大众普遍认为数学是一门追求精确的课程，很多教师又因为考试中对学生运算能力的检测侧重于精算，因此日常教学只重视精算的教学和反复操练，而缺乏对估算教学的重视。

教学内容点状割裂。有的教师也知道有估算的要求，但仅仅是看到一题讲一题，以完成教材的要求，对估算内容之间的内在联系、递进目标和估算教学的方法渗透、策略推进都缺乏整体思考。

教学过程本末倒置。有的教师为了追求习题答案的正确性，会将"先说说得数是几十多，再计算"变成"先计算，再根据计算结果写近似数"。这样虽然正确率会高很多，但无疑忽略了习题的价值，阻碍了学生估计能力的发展。

估算方法程式化。有的教师会强调题目中出现"大约""够不够"等字眼，就必须估算，没能从解决实际问题的需求出发，导致估算教学走向机械单一，忽视通过估算教学来培养学生自主判断、灵活估算的意识，学生思维简单僵化。

结果运用机械化。原因有二，一方面一刀切，只要估算都是取整，不能根据具体要求指导学生如何选择合理的估算单位，对其他折中估、平衡估、特殊数估、先估后调等基于不同情境的灵活多样的方法缺乏体验和拓展。另一方面是对于估算之后演绎推理过程中的因果关系不理解，导致学生出现估算过程正确但无法正确判断出结果的情况。

（3）清晰估算教学的育人价值。

基于对问题的分析，以及对估算意义和估算教学意义的理性认识，我们认为，估算教学的作用和价值主要体现在以下三个方面。

①现实生活的需要。

随着现代社会信息技术的发展和各种计算工具的普及，人们的计算方式和观念都得到了极大的改变。许多原来需要利用纸笔来进行计算的大数据的精确计算被工具所替代，随之而来的是人们基于现实情境对计算方法的选择和对计算结果的大致估计，主要可以概括为以下三点：一是人们在做某项工作时，可以先对有关问题做出粗略的初步估计，以确定其可行性，科学研究中的预测和生产生活中的预算即是如此。二是在计算器和计算机广泛使用的今天，大量繁杂的计算为工具所替代，但是使用工具的人也需要对计算结果的合理性有一个估计，包括笔算也可以用估算进行范围的估计或验证。三是日常生活中有很多实际问题不需要精确计算，如在一些大型的贸易往来和商品交易中，一些零头尾数往往被忽略不计，在宇宙科学、生命科学、信息科学等学科研究中很多上亿级的数量，往往也只能大致地进行估算和推算。总之，估算教学可以帮助学生逐步掌握自由地用一种非机械的方法去考虑问题，可以培养学生对结果有概括性、整体性的认识和理解。

②学生数学素养发展的需要。

许多国家认识到估计对学生数学素养发展的重要性，纷纷把估计内容写入数学课程标准之中。美国数学教师联合会在《行动的纲领》（*An Agenda for Action*）中提倡教师结合到数学过程来进行估计，鼓励学生结合计算合理地进行估计练习。1990 年颁发的《美国中小学数学课程标准》把估计作为"数学的合理部分"，对估计能力提出了一些较为细致的教学要求。日本在 1989 年出版的《日本中小学数学课程》中，要求学生用概数（近似数）来估计四则运算的结果；英国教育部 1991 年出版的课程标准中，特别强调学生应能了解并运用估算和近似值来解释其计算结果。此外，荷兰1998年的数学课程目标以及加拿大安大略省新的数学课程目标中都对估算作出了不同程度的要求。2001年，我国教育部颁布的《义务教育数学课程标准（实验稿）》将估算纳入小学数学教学内容，与"口算""计算"地位并重。《义务教育数学课程标准（2011年版）》对估算的要求较《课标（实验稿）》更加具体化，更关注估算背景与学生生活的实际关系，更强调估算作为一种培养数感、增强数学活动经验的功能，淡化估算的知识性，强调估算的方法与思想，尤其注重估算的实践功能。

③从认识到实践转化的需要。

要从对估算教学理性认识的层面落实到日常教学中，还需要从"数量估算""测量估算""计算估算""统计估算"这四个内容入手，使估算教学的育人价值进一步具体化、清晰化。

数量估算：在生活情境中感受大数的意义，并通过观察、画图、测量、类比、归纳等活动，在发现规律、猜测某些结论的过程中，发展合情推理能力，培养数感，提高对事物的综合性和概括性的认知能力。

测量估算：依托单位表象、身体尺或参照物，估测生活中一些物体的长度、质量、时间等；估计给定简单图形的面积、体积，或用方格纸估计不规则图形的面积。可通过这些活动培养量感，发展空间想象能力。

计算估算：能根据具体情境，判断是否选用估算来解决问题；能根据具体情境进行推理、猜测，并选择适当的估算方法来解决问题，感受方法的多样性与合理性；能对估算结果进行合理判断和解释，体会估算的简便性和灵活性；体会估算在生活中的作用，增加数学活动经验，发展分析、判断、理性思考能力。

统计估算：能结合具体的生产生活情境，运用统计思想，通过简单的实验数据收集验证猜想；能根据平均数的意义估计样本的范围；体验随机事件，初步感受概率和公平性；能理解运用随机抽样的方式估计总数的思想并加以运用；能通过分析折线统计图的变化情况估计发展的趋势。

综上所述，数学估算分散在数学学习的方方面面，潜浸在人类的数学思维过程中，应用于日常熟悉的生活中，数学估算无所不在。因而，数学估算的学习对学生而言具有重要的价值，对估算教学的研究也具有十分重要的理论意义和实践价值意义。

2. 估算教学策略的生成。

结合苏教版小学数学教材中的相关内容，需要先按类型对估算教学进行内容的结构化梳理，在此基础上架构递进式的目标，并尝试通过结构化的过程设计和提炼其独特的教学策略，帮助一线教师有效落实估算教学，确保学生估算意识和能力的培养。

（1）数量的估算。

数量估算，以下简称为"估数"。在通常情况下，人们通过计数来获得物体数量，但在有些情况下，人们无法或不必要将呈现在视野中的物体一一数出来，因此人们会采用估计的方式来获得物体的大概数量，这就是数量估计。数量估计是数学估计的一种常见类型，它对于数感、推理能力和应用能力的培养都具有十分重要的价值。

①借助计数单位，在操作中感受估数的乐趣。

低年级学生处于身心发展的初期，教师必须把握这一关键期，向学生充分展示估算的魅力，激发学生的好奇心。而动手操作是解决数学学科的抽象性与低年级学生以具体形象思维为主的认识水平的矛盾的重要手段，能帮助学生借助直观建立表象而形成概念。例如苏教版教材一年级下册《认识100以内的数》单元安排了如下练习：

5. 每数10颗圈一圈，边数边估，大约有几十颗。

课后，利用这样的经验估一估一沓作业本的数量、一堆糖果的数量等，提高实践能力。这样的活动，一方面强化了计数单位"十"的表象建立，另一方面让学生初步感受了估数的活动，了解了估数的意思。

②依据参照物，在对比中发现估数的奥秘。

随着学生认识的数逐渐扩大，估数的难度也逐渐增大，这时，学生需要通过动手操作、亲身体验等来形成对较大数的表象认识和估算能力。苏教版教材一年级下册第三单元《认识100以内的数》安排了一节综合实践课《我们认识的数》。

猜一猜

先抓一把蚕豆，数数有几粒；再抓一把花生米，猜猜大约有多少粒。

数一数，你猜得怎么样？

为什么一把花生米比一把蚕豆的粒数多？

教学设计了三大环节，带领学生经历了"估计——验证——反思——调整——再估计"的过程，学生对百以内数的实际大小形成了更为清晰的认识，也对估计的方法和估计中的一些规律有了初步的感悟，数量的感知水平得到进一步提高。

③依托度量单位，在转化中发展估数的能力。

当学生认识了千以内的数、万以内的数，甚至亿以内的数，再去圈一圈、数一数，显然已经不适合了。较大的数如何让学生感受它的大小，如何在生活中估算它的大小呢？这时，就需要打通数学各领域之间的知识，借助量来表达对数的大小的感知。

比如在二（下）《万以内数的认识》第一部分认识千以内的数之后，教材出现了一道练习，进行初步的估数方法渗透：

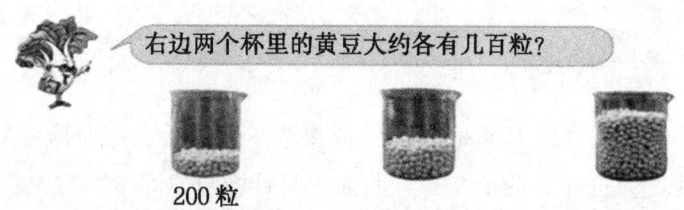

右边两个杯里的黄豆大约各有几百粒？

200粒

学生虽然不了解这几个量杯等底，所以只要比高的数学思想，但生活经验告诉他们可以这样估，也就是借助高度的倍数关系来估计数量的多少。

再如实践活动《一亿有多大》，更是带领学生完整经历"建立标准——依次推算——单位转换——感受大小"的估算过程，增强对一亿大小的体会，从中感受实际应用中数量估算的方法的适切性、灵活性，提高估算能力。

数量的估算能力，就在计数单位的累加、参照物的比对和数与量的转化中逐步渗透、培养，并逐步转化为学生的一种自觉自能，促进核心素养在"数量估算"教学中真正落地生根。

（2）测量的估算。

测量的估算就是"在不使用一般的测量工具的情况下，以某种方法推测出测量结果的一种心理加工过程"。新课标明确提出，要让学生"能估测一些物体的长度，并进行测量"，而学生估测的精确度主要依赖于"量感"。量感，是指视觉或触觉对各种物体的规模、程度、速度等方面的感觉，对于物体的大小、多少、长短、粗细、方圆、厚薄、轻重、快慢、松紧等量态的感性认识。在数学上，主要是指学生对长度、面积、体积、质量、时间、货币等的感性认识，与生活息息相关。估测能够培养学生的量感和数感，拓展学生的数学思维，提升学生解决问题的能力，培养学生的数学应用意识，促进核心素养在教学实践中得到落实。

①借助"身体尺"，活用单位迭代。

单位迭代是指估计者在估计时，使用某个标准单位（如厘米），反复将标准单位与估计物相对照，记住上次标准单位结束的位置，开始下一次对照，计算单位的数目，从而得出估计结果。度量衡单位最初与人体相关，"布手知尺，布指知寸""一手之盛谓之掬，两手谓之溢"。这时的单位尚有因人而异的弊病。《史记·夏本纪》中记载禹"身为度，称以出"，则表明当时已经以名人为标准进行单位的统一，出现了最早的法定单位。

苏教版教材在二（上）带领学生认识米和厘米后，安排了实践活动课《我们身体上的"尺"》，引导学生通过操作活动，进一步增强对基本长度单位的表象认识，并转化为身边可感、可测、可借代的"身体尺"，在现实生活中进行单位迭代，提升了学生的估测能力和应用意识。

以"身体"为媒介，帮助学生运用随身携带的"尺"，用简单的"数一数"几个"身体尺"，"算一算"大约几厘米或几米，就能估测出身边常见的物体的长度了。这一方法同样适用于小面积的估算，学生借助指甲盖的大小（接近1平方厘米），也能大致估测出身边橡皮、文具盒面等较小物体的面积。

这样的思想方法将对学生的生活产生深远的影响,并逐渐转化为一种生活直觉应用于日常。

②巧设标准,善用参照点。

参照点是指估计者把估计物与另一种已知熟悉的物体进行对比。估计者可以把某个参照点作为单位使用。使用参照点的首要原因是参照点可能使单位的心理表征更精确,因为估计者对参照点的表征的认识要比对表征相应的标准单位的认识更容易。其次是它们对估计者来说可能比标准单位更有意义,可以减少要叠加的数量。

这一方法在运用较大的单位,尤其是对离学生生活较远且需要空间想象的度量单位进行估测时,比如对千米、吨、公顷等的估测十分有效,比如在三年级下册认识《千米和吨》之后,教材安排的练习就渗透了参照点的策略。

4.

（1）太原到青岛的铁路长多少千米?

（2）南京到上海的铁路大约长300千米,估一估南京到济南、南京到北京的铁路大约长多少千米。（口答）

这时,学生就可以以南京到上海的铁路长度为参照,估计南京到济南、南京到北京的铁路长度。

这样的方法同样适用于拎一拎一袋10千克的大米有多重,然后抱一抱身边的同学,估测大概有几袋大米的重量,是多少千克;以及了解了学校面积大约有多少公顷,然后估一估小区大约有多少个学校这么大,大约是几公顷。因此,运用参照点进行估测的策略在生活中有十分广泛的用途。

③数形结合,巧用分解转换。

在估计前,把估计物进行心理转换是第三类较常见的估测策略,就是在估计前先在心里将估计物分解为较小的连续量,再用其他策略进行估计,然后在重组阶段,将对较小部分的估计数相加或相乘。

进入中高年级,随着度量从一维到二维再到三维,随着数据的不断变大,学生就会接触到另一种估算方法"转换"。比如认识了"体积"之后，请学生估一估洗手池、浴缸、游泳池等的容积，学生往往会没有办法，或者在心里默默地用单位表象一个一个铺叠，费时费力因而容易放弃。这时，教师可以带领学生这样来估一估：我们先估一估洗手池大约长多少，宽多少，高多少？现在你有办法知道洗手池的容积大约是多少了吗？这个过程，就是将对体积的估测转换成对长度的估测，然后利用原有的估测方法，加上新学的数学公式，推算出大致的结果。这一方法让学生感悟，空间与几何领域的学习也可以利用学过的数学公式进行推算估测，既渗透了数形结合的思想，更提升了学生的数学应用能力。

（3）计算的估算。

计算估算源于较大数的计算困难，渗透在实际问题的情境中，落实到学生真实的生活情境，如购物、乘车、安排座位、数字数中。从心理学角度分析，计算估计是指个体未经过精确计算而只借助原有知识对问题提出粗略答案的一种估计形式。它作为估计的一种主要类型，对人们的日常生活有非常重要的作用，同时，估算的培养有助于加深儿童对计算或测量结果的概括性、整体性认识和理解，并能促进儿童对数量关系和空间形式的合理判断与推理。

①按"类"掌握多样的估算方法。

纯计算题中的估算。

比如：198＋83 的结果，可以通过计算 200＋83、198＋80、200＋80 来估计 198＋83 的结果；207×4，可以通过计算 200×4 来估计结果；3.2×3.9，可以通过计算 3×4 来估计结果；7.3÷0.7，可以通过计算 7÷0.7 或 7÷1 来估计结果。

因为两位数、三位数加减法的估算，一位数乘除多位数的估算，两位数乘除多位数的估算在计算估算的方法上具有类同的结构关系（如下表），所以可以采用"长程两段"的教学策略。

观察数据选择估算方法	估一个数	估大
		估小
	估两个数	同时估大
		同时估小
		一个估大一个估小

两至三位数加减法估算可以看作"教结构"阶段，教学中一方面落实计算估算的基本方法，按"理解什么是估算——怎样进行估算——估算的方法是否唯一——怎样估算可以接近实际结果"循序渐进地进行学习感悟；另一方面在估算教学中引导学生通过回顾，掌握用估算解决问题的过程结构，并初步理解在具体的问题情境中什么时候要把数估大、什么时候要把数估小。乘除法估算可以看作"用结构"阶段，学生在初步掌握了估算学习的过程结构之后，就可以运用这个结构主动投入到用一位数乘除多位数、用两位数乘除多位数的估算学习之中，并在估算过程中体悟估算方法的灵活性、特殊方法的思辨性。

实际问题中的计算估算。

掌握计算估算的方法，更多时候是为了解决我们实际生活中的问题，因为生活中很多时候无需计算出精确的结果，只需一个近似的结果就可以帮助我们解决问题。

第一类是根据计算结果的实际意义，采用四舍五入法、进一法、去尾法等。

比如：

一块平行四边形塑料板，底 3.2 分米，高 1.84 分米。它的面积大约是多少平方分米？（先估计，再计算，得数保留一位小数）

足球 45 元/个，300 元最多可以买多少个足球？

每个油壶可以装 3 千克油，装 40 千克油需要多少个油壶？

对于以上这些实际问题，要根据实际意义来选择估算的方法。像第一类问题，在保留一位小数的过程中不管结果变大还是变小对实际问题的意义都没有影响，那么我们可以用四舍五入的方法。像第二类、第三类，结果估大还是估小会直接影响到问题是否合理解决，要根据具体的意义来进行估计。教学过程中就要特别注重引导学生在对比中理解实际问题的意义，选择适切的估算方法。

第二类是对问题解决的结果进行预测，估大或估小。

比如：29 个同学去参观，门票每张 8 元，带 240 元够不够？

31 个同学去参观，门票每张 8 元，带 240 元够不够？

要让学生明确，生活中的问题有时要选择估大来判断，有时要选择估小来判断。例如上面这题，估大成 30，总钱数都够，那肯定够；估小成 30 了还不够，那肯定不够。

②按"需"培养主动的估算意识。

教学过程中，教师不仅要让学生了解和掌握灵活多样的估算方法，更要让学生看到估算的价值和意义，产生估算的需求，并自觉主动地运用估算去解决问题，从而形成较高的估算素养。

明确要求，强化估算。

从一年级开始，不同年段的教材中就设计了这样的题型：

(1) 先说出得数是几十多，再计算。

| 65+30 | 4+52 | 68-5 | 78-40 |
| 56+3 | 25+4 | 95-70 | 49-7 |

甲城到乙城三种不同火车的票价如下表：

普通列车	特快列车	动车组列车
每张 198 元	每张 312 元	每张 405 元

吴老师买 3 张同样价格的火车票，付给售票员 1000 元。他买的是哪一种？（先估算，再在正确的答案旁边画"√"）

这类题型要求很明确，就是要求估算，通过硬性要求来强化估算的意识。让学生灵活选择估算的方法来解决问题，在交流估算方法的过程中让学生体悟估算的目的及优势，一方面先估一估再计算，可以用来粗略地检验精确值所在的范围；另一方面引导学生发现，如果运用估算就能解决问题，可以避免繁琐的计算，可以直接用口算解决。

有意渗透，增强估算意识。

数学问题来源与生活，估算广泛存在于日常生活中，精选生活原型，引发数学问题，在运用估算解决问题的过程中加深学生对估算重要性的认识，增强估算意识。

比如：学校将在下周五组织春游，3 年级师生共有 400 人，每辆大巴可以乘坐 42 人，大约要几辆车？如果景区门票 88 元一张，老师大约要带多少钱？如果已知里程，要求上午 9 点到达景区，汽车大约几点发车？

像这些问题都是生活中实实在在存在的，解决这些提前策划类的问题，人们也都是采用估算的方法来解决的，让学生体悟到估算跟生活的确是紧密联系的，是实实在在存在的。

当然，计算估算能力的培养是一个漫长的过程，不是通过几节课就能实现的，需要在日常教学中进行有计划、有目标的长期渗透。教师应在教学中仔细研读教材，创造性地使用教材，充分挖掘教材中的练习估算的因素，创造估算的环境，激发估算的需求，引导学生主动估算，在估算过程中提升思维，培养意识，提升解决问题的能力，落实核心素养。

（4）统计的估算。

统计的估算属于定性估计，即研究者在获得一定的统计数据的基础上，根据数据所反映的某种统计规律或特点，对今后一段时间发生该情况做出估计。不同的研究者对同一现象的统计结果是不同的，有些研究者的估计比较准确，而有些研究者的估计却欠准，这也反映了统计研究者估计能力的不同。定性数学估计在数学问题解决或数学研究过程中无处不在，定性数学估计不但是认知的直接对象，还是监控认知过程的元认知的重要成分，它有利于培养学生的数据分析观念，有利于提升学生的问题解决能力，有利于发展学生的应用和创新意识。

①从行动到思考，在定性估计中发展定量估计。

定性估计主要是凭借预测者的主观经验和逻辑推理能力，对事物未来表现的性质进行推测和判断。在统计学习中，学生常常会凭借经验或感觉主观臆测，而缺乏思考的依据。比如二（下）"数据收集与整理"动手做，和四（下）"统计表与条形统计图"的实践活动部分，就安排了相关实践活动。活动前，学生的估计是随意的、没有依据的，而通过行动，学生收集到相关数据之后，与活动前的估计相比较，就能形成基于数量的理性估计。通过一次一次的实验、数据收集、对比反思，学生就能对类似的活动产生类比，进行量化估计。

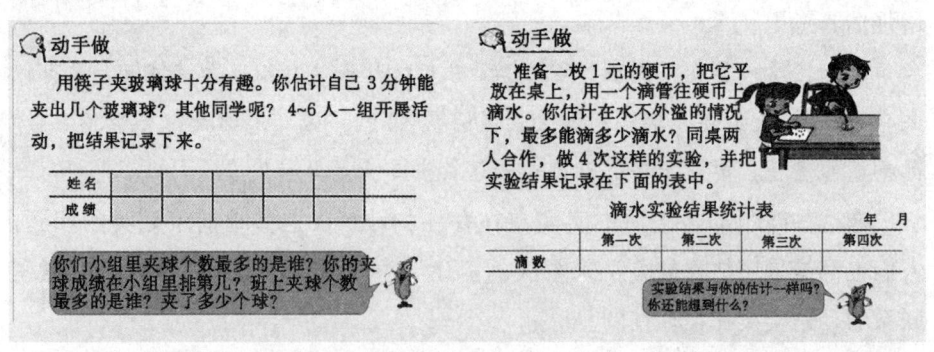

而三（下）"数据收集与整理"动手做部分，就引导学生结合平均数的学习，通过多次行动，运用平均数来更加科学有效地估计自己的上学时间，发展定量估计能力。

上学时间

提出问题

你每天上学途中大约要用多长时间？和同学相比，你用的时间是比较长，还是比较短？

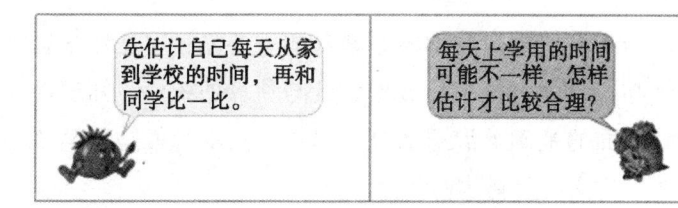

先估计自己每天从家到学校的时间，再和同学比一比。

每天上学用的时间可能不一样，怎样估计才比较合理？

可以连续记录几天上学途中用的时间，再进行估计。

②从认识到判断，在定量估计中发展定性估计。

定量预测是根据已掌握的比较完备的历史统计数据，运用一定的数学方法进行科学的加工整理，借以揭示有关变量之间的规律性联系，用于预测和推测未来发展变化情况的一类预测方法。在四（下）"平均数"的学习中，学生大量参与数据的运算和比较，而容易迷失在数量中，忽略思维的参与和对样本整体情况的估计，这时就要用到生活经验来进行定性估计或推测。如在四（上）"统计表与条形统计图"的平均数学习中，学生既要了解平均数的含义，更要调用已有经验进行分析和思考。比如张小红排在前十名，就只需要根据统计表中的数据找出她的大致成绩，而不需要到原始记录表中一个一个寻找、排序。比如整箱橘子重量的问题，也是渗透一种思维方式，可以根据部分样本的情况，推测总体的情况，这能够帮助学生了解什么是定性估计。

2.根据下面四年级二班女同学1分钟仰卧起坐的成绩记录（单位：个），把统计表填写完成，再回答问题。

45 57 39 44 47 49 28 37 37 41 50
49 37 38 40 42 40 53 26 43 38 39

四年级二班女同学1分钟仰卧起坐成绩统计表

　　　　　　　　　　　　　　　　年　月

成绩/个	合计	20～29	30～39	40～49	50～59
人数					

（1）这个班女同学1分钟仰卧起坐成绩在哪一段的人数最多？
（2）张小红1分钟仰卧起坐的成绩在这个班女同学中排在前10名。你能估计她的成绩可能是多少吗？

7.一箱橘子共50个，任意取出5个分别称一称，结果如下表：

编号	1	2	3	4	5
质量/克	84	81	87	78	90

（1）取出的这5个橘子，平均每个重多少克？
（2）这箱橘子大约重多少克？

而在五（下）"折线统计图"的学习中，学生不仅要从图上看到已有的数据信息，还要根据身高的发展趋势，进行后续的预测。在这个预测中，学生了解到不仅需要量化的估计，也需要结合青少年的身高发展规律和身边同学的经验来进行定性预测；同时也需要知道，这样的预测和估计是不确定的，是具有无限发展可能的。而科学的发明与创造往往就源于这样的预测和估计中。

统计估算是培养和发展学生数学核心素养的重要途径，是数学思想和实践的统一、过程性与操作性的统一、数据统计与估算的统一、知识性与技能性的统一。在统计素养的基础上渗透估算的思想，其本身就是数学核心素养中对于"数据分析"定义的重新建构和提升。

四、结构教学理念下的度量单位教学

"量与度量"在学生的日常生活中十分常用，而数学上"量的认识"属于"数与代数"领域中的"常见的量"。苏教版教材中安排的"常见的量"有：长度单位、面积单位、体积单位、容积单位、质量单位、时间单位、人民币单位。这一板块的知识是对生活实践的提升与反馈，也是对学生实践和运用能力的一次提升。

这里以苏教版一年级下册第五单元"元、角、分"为例，具体阐述度量单位的育人价值与教学策略。

1. 度量单位教学育人价值的开发。

现行苏教版教材分三课时安排这一内容：第一课时，认识面值1元及1元以下的人民币，并分成两个例题。例题一，认识1元和1角。例题二，认识面值5角、5分、2分、1分的钱币。第二课时，认识面值大于1元的人民币。第三课时，安排了实践活动"小小商店"。教材的设计意图是在认识人民币的基础上学习使用人民币，在买东西的过程中进行简单的计算。在模拟购物中体会人民币换算的方法，不仅学知识，更重要的是方法与思维上的提升。

在实际的教学中，这一看似贴近学生生活也并不抽象的数学知识，学生在认识和运用中却困难重重，教师往往要在这里增加好几课时，帮助学生辨析和操练。问题何在？我们从儿童立场出发，对儿童在钱币这一领域的知识背景和经验基础进行了分析，由此挖掘和提炼这一内容独特的育人价值。

（1）感受度量单位的认识意义。

"钱"是什么？一年级学生没有概念。一部分学生对于用钱能买到东西这一朴素的等价交换的意识是有的，也看到或经历过购物活动中询价、付钱、找钱等环节，还有一部分学生只在收压岁钱的时候欣喜过。但为什么会出现钱？钱有什么用？孩子没有自觉追问的意识。这是认识人民币的意义起点。由于知识背景与经验基础的差异，学生对钱币的认识存在较大差异，有的学生已经会熟练使用，有的学生已经能够认读，有的学生只认识很少的一部分，有的学生认识中有错误。而教育的力量正在于利用差异，发展差异，在有差异的自然生态中，通过和风细雨的滋润，实现有差异的、共同的生长。

（2）把握度量单位的学习策略。

钱如何区分？进入小学以来，学生在春游、秋游、跳蚤市场上也有过"货—币"交换的经验，但大多限于1元、5元、10元等常用币，也往往是根据钱币上的某一局部因素进行识别，对钱的认识是浅薄的，也缺乏整体认识的意识。这是认识人民币的认知起点。有哪些钱？学生对钱币上相关要素的把握，往往是交叉的、割裂的。面对众多面值、众多材质，学生更是眼花缭乱。如果能够从颜色、材质、单位、数值等不同的维度进行类型化，学生的记忆压力就会大大减少，这正是认识人民币的方法起点。

（3）体验度量单位的现实应用。

"钱"怎么用？由于超市收银员、收银机的普及，孩子购物已不需要自己计算，常常看到孩子把钱塞给收银员，拿着喜欢的东西转身就跑，根本不知道算一算自己的钱够不够、还要不要找钱等问题。如何根据商品价格和手中钱币进行整体规划，如何依据人民币相邻单位之间的进率进行交换活动，这是认识人民币的换算的起点。通过本单元的学习，学生初步建立对度量单位大小和关系的认识，并通过模拟实践活动和现实实践活动，不断提升实际应用能力。

2. 度量单位教学策略的生成。

（1）抓住特质，整体策划。

由此可见，数学课堂的"认识人民币"与日常生活中的"认识人民币"，在目标、方式、结果上都应该有很大的区别。在以往的教学中，老师们要么被孩子牵着走，过于关注真币假币的辨析；要么把侧重点放在换算上，重复 10 以内、100 以内的计算教学，缺乏知识之间的沟通和转化，缺乏对孩子思维的点醒和提升。

如何既顺应儿童的起点，又站在数学的角度提升儿童的认识和能力？

我们策划整体进入，以结构的方式铺展知识、提炼学习方法、优化教与学的过程。纵向，以钱币的要素认识为主线；横向，以"认识→进率→运用"的方法——展开教学。在内容组织上，将各种面值的人民币集中进行学习，打破匀速前进的习惯，增加对人民币各元素的完整认识。在方法提炼上，一是帮助孩子梳理出认识钱币的观察角度与一般方法，从数学的角度感悟人民币"数"与"单位"结合的价值；二是帮助孩子通过数值的组合，初步感悟"1、2、5"币值设置的科学性；三是利用满十进一的共性，掌握简单的换算。

由此，我们对三课时的内容进行了适当的调整，确定了"元、角、分"单元的递进目标，如表 3-4 所示。

表 3-4 "元、角、分"单元整体设计递进目标一览表

第一课时	1. 掌握认识钱币的基本方法，初步了解人民币的各类元素，学会用数学的眼光关注认识的核心要素。 2. 认识各种面值的人民币，知道人民币单位是"元、角、分"，理解"元、角、分"之间的进率。 3. 初步掌握不同面值、不同单位之间的换算方法，进行简单的支付。
第二课时	1. 经历取币、换币、付币和找币等活动，初步认识商品的价格，学会简单的购物，获得一些购物的经验。 2. 在购物问题的变化中理解和掌握基本数量关系，对数量关系形成结构化的认识。 3. 在购物活动中，培养思维的灵活性、与他人合作的态度以及学习数学的兴趣。

续表

第三课时	1. 在购物或模拟购物的活动中，巩固"元、角、分"之间的进率，熟练掌握简单的换算和支付。 2. 了解人民币与日常生活的密切联系，感受人民币的应用价值。 3. 培养主动与同伴合作、交流的意识，养成爱护人民币以及勤俭节约的好习惯。

（2）教用结构：自主认识每一张。

一方面，人民币上的要素很多，有生活要素，有国家要素，有数学要素，而学生尤其会根据已有经验关注颜色、图案、水印、盲文等。另一方面，众多钱币，一张一张认识，费时费力。因此，数学课上的学习，在有限的时间内，必须紧紧抓住其数学元素进行破解，也就是抓住人民币上的"数"和"单位"进行集中突破，实现对人民币的认识，而不能眉毛胡子一把抓。

因此，教学中以"教结构、用结构"的方式展开。

教结构：整体认识 100 元。

①引发思考：这么多种人民币，该怎么去认识它们呢？我们可以先来研究一张，如果找到方法就能很快认识所有的人民币了。

②聚焦研究：这一张是多少元？跟你的同桌说说你是怎么知道的，比比谁的方法多。

③组织交流：请学生说说辨识的方法。

预设：数字 100，拼音"YUAN"，汉字"壹佰圆"，红颜色，毛主席头像等。

过程中指导认读汉字"壹""佰"和"圆"。

④小结：人民币上有很多信息，但要认识它关键是数"100"和单位"元"。

用结构：认识其他面值人民币。

①提出要求：你能不能像认识 100 元这样，从这几方面去认识其他的人民币呢？

把身边的学具人民币介绍给你的同桌，有困难的可以向同桌学一学，两个人都不认识的就放到盘子旁边。

②指名交流：

- 突破难点：有不认识的吗？如果有，请其他同学来介绍。如果有争议，把混淆的两张放在一起比一比。
- 检测方法：这是多少，你是怎么知道的？重点关注学生不常见的分币。
- 及时小结：抓住数和单位就能确定它的面值了。
- 快速反应：看PPT上的人民币，快速报出面值。

我们从一张孩子比较熟悉的钱币"100元"入手，带领学生找到辨识的关键，再放手让孩子通过生生互动，运用这一方法与同桌快速辨识其他面值的人民币，体验"抓关键、快速认"的方法，帮助学生从生活经验中模糊的感官认识走向清晰的有目的的数学认识。在此基础上组织交流互动、及时小结，数学认识的独特视角和认识人民币的一般方法自然凸显。相信走出课堂，面对其他国家、其他面值的钱币，孩子也会用这样的数学眼光和数学方法去学习。

(3) 多元分类：自主寻找每一种。

一张一张人民币，学生都会认了，如何让学生对人民币的辨识从认识走向清晰化、结构化？需要进行系统梳理。如何带领一年级学生进行梳理？最简单易行的方法就是分类。孩子对类型的判断、区分、表述的过程，就是思维走向系统、清晰的过程。

这时，教师提出一个引领性的问题："小钱包里这么多钱放在一起，找起来真麻烦，如果把它们按一定的标准分分类，是不是能找得快一些呢？"

可以引导学生观察、发现并动手操作，经历边分边说、逐步清晰类型的过程。在交流中学生发现可以按材质分，分为纸币和硬币；也可以按单位分，分成"元""角""分"；还可以按数字分，分成1（10）、2（20）、5（50）。

在此基础上，可以带领学生再次体验：你能很快找到指定的人民币了吗？学生依据分类再去找的时候就会发现，按单位分的只要找数字，按数字分的只要看清单位。最后还是聚焦人民币的核心要素——单位、数值的组合，但现在的认识已不是原有层面上的认识，而是向着数学思想方法的提升和拓展的。

(4) 开放练习：自主成长每一个。

人民币的换算涉及元与角、角与分、元与分之间的进率和组合、换币等一系列开放的、多元的实际运用，学生往往会觉得容易，但做起来却糊涂。

因此要将元、角、分之间的关系与十进制联系起来，建立清晰的概念，学生就不需要额外进行记忆。而人民币之间的换算，也可以采用"教用结构"的方式帮助学生理解变化中的不变，掌握换算方法。

开放式的练习能面向一个孩子，低重心的练习能锻炼每一个孩子，而结构化的尝试、指导、再运用的方式则直接指向学生能力的提升。教师可以将开放式的模拟购物活动贯穿全课。

【开放练习一】运用中生成进率。

在整体认识人民币之后，教师带领学生进入了模拟的跳蚤市场，面对 1 元商品区琳琅满目的商品，教师先激活学生的需求："悄悄告诉同桌你想买什么。"同时，又提出教师的困难："可是我没有 1 元币，该怎么办呢？"引导学生发现可以用 1 张 1 元、2 个 5 角、10 张 1 角、1 个 5 角加 5 个 1 角等多种方式付币，但不管怎么付，付的都是"1 元"，由此顺水推舟，认识"1 元＝10 角"。这一探索发现的过程融于购物活动中，让学生在不知不觉中理解和认同。同理，角与分之间的进率也就类比推出了。

【开放练习二】运用中巩固进率。

认识元、角、分的进率之后，教师带领学生进入"1 元特价区"。"一元能买哪两样物品？""1 元买一样物品，还能找回多少钱？"同样采用教用结构的方式展开开放式的互动和指导：

• 教结构：老师和学生模拟对话。

顾客：我买一支钢笔，多少钱？

售货员：8 角钱。

顾客：我付 1 元够吗？

售货员：够的，还要找你 2 角。

顾客：为什么要找 2 角？

售货员：1 元等于 10 角，10 角减去 8 角还剩 2 角。

顾客：我明白了，谢谢。买不满一元的商品，付 1 元还可以找几角。

• 用结构：你想用 1 元买哪一样文具，又要找回多少呢？

同桌模拟购物，一起演一演。

……

【开放练习三】组合中灵活运用。

"一本本子1元2角怎样付？"文具超市的商品你都会买了，玩具超市的商品你最喜欢哪一样，你想怎么付钱，在相应的钱币下面勾一勾……

这些开放式的练习，每一个学生都能够参与其中，也能够基于自己的水平发出不同的声音，更在同桌互动、生生交流、师生应答中走向更为丰富、更为完整的认识。

（5）有机渗透，感悟数量关系。

人民币的使用在生活中十分广泛，但无不与"商品价格、付出的钱、找回的钱"这三个量有关，其基本的数量关系也不外乎部总关系、相差关系。因此，解决实际问题的过程中，要有意识地引导学生发现三个量的存在和两种数量关系的聚类，帮助学生消除陌生感，建立解决问题的基本模型。

在"人民币的运用"环节，我们设计了这样的购物情境：

周末，妈妈带着小明到商店购物。

要买的商品	3角	2元	20元	80元	（　　）元
支　付				（　　）元	60元
找　回	（　　）角	（　　）元	（　　）元	20元	5元

①小明付1元买哨子，付5元买手表，付50元买台灯，分别要找回多少钱？你会算一算，填一填吗？做好的同学再想一想：我们是怎样算找回的钱的？

②小红也来到玩具超市，她准备购买价格是80元的飞机，她付了钱后，营业员找她20元，你知道她付了多少钱吗？你是怎样想的？

③小红看到一个她很喜欢的娃娃，营业员阿姨笑着说，如果你付60元的话，找回5元，你知道这个娃娃多少元吗？

④仔细观察黑板上的三个关系式，你有什么发现？和同桌轻轻地说一说。

一张表格、三种问题情境和一个追问，集中呈现了购物中的三个基本数量关系，帮助学生进一步熟悉"付出的钱－物品价格＝找回的钱""付出的钱－找回的钱＝物品价格""物品价格＋找回的钱＝付出的钱"这三个数量关系，并在观察、比较、沟通中进一步感悟和明晰付出的钱、物品价格、找回的钱三者之间的关系。

从一节课走向一个单元，从一册书走向一生的数学学习……我们就在这样的实践中践行着"儿童立场"。深刻理解数学教育的本质，遵循儿童数学学习的规律，以结构化的方式带领儿童亲历过程，清晰意义，形成方法，使学生获得自主、持续发展的力量，这就是"儿童立场"在数学学习中的最好体现。

第二节 "图形与几何"教学的育人价值开发和策略研究

"图形与几何"这一领域原称"空间与图形"，修订后的教材在该领域更突出体现了几何学的本质：以图形作为重要的研究对象，以空间形式作为分析和探讨的核心。新课标中的图形与几何领域有几个核心概念，主要有空间观念、几何直观、推理能力等。"图形与几何"领域，将几何学习的视野拓宽到学生生活的空间，强调空间和图形知识的现实背景，从第一学段开始让学生接触丰富的几何世界。新标准突出用观察、描述、制作、从不同的角度观察物体、认识方向、制作模型等活动，发展学生的空间观念和图形设计与推理（合情推理与演绎推理）的能力。第二学段还增加了扇形这一内容，为"统计与概率"部分认识扇形统计图奠定了基础，体现了知识的系统性、逻辑性和连贯性。

一、结构教学理念下的图形概念教学

数学学习中，概念是人类对客观事物的本质属性的反映，它具有抽象性；概念是在一定时期人类对客观世界认识的总结与归纳，它具有发展性；概念是对现实世界存在的知识以压缩形式表现的方法及手段，它具有概括性；概念是逻辑思维下最基本的单位和起点，它具有基础性；概念间形成的"网络"构成了数学教学的基本内容，它具有关联性。图形概念亦然。图形概念的教学，因教育理念的不同，有不同的理解；因思考的逻辑起点不同，有不同的设计；因教学思路的不同，有不同的展开路径。

站在结构教学视野下，分析图形概念的育人价值，探索图形概念教学的逻辑起点和展开路径，举一反三，必能引发更多的思考和实践。

在南京师范大学课程与教学研究所徐文彬教授指导下，我以结构教学的思路执教了《认识四边形》，联系以前在华东师范大学教育系吴亚萍教授指导下执教的《梯形的认识》，发现两节课在理论依据、逻辑展开、教学过程等方面有很多相同的追求，也有很多不同的思考。

【案例1：作为单元起始课的《认识四边形》】

（一）复习导入引发思考

师：我们已经认识了很多图形，你能按以下要求画出一个图形吗？

两组对边分别平行、邻边相等、有一个直角。

师：说说画出的是什么图形，这三个条件跟我们平时所说的正方形的特征有什么不同。

说明：这三个条件就是正方形的本质特征，它决定了正方形四条边都相等，四个角都是直角。如果把这三个特征减少一些，会变成什么图形呢？这节课我们就用这样的方式来"认识四边形"。

（二）从边到角弱化特征

1. 从边出发弱化一个特征。

师：想象正方形"两组对边分别平行"不变，"有一个直角"不变，"邻边相等"这个特征去掉，会是怎样的图形呢？把想到的可能图形画下来，看看是什么图形，它有哪些特征。

生1："邻边相等"去掉，那图形的邻边就可能不相等，我画出了长方形。

生2：所以长方形两组对边分别平行，有一个直角。

师：从这样的角度来看，长方形与正方形有什么关系呢？

小结：长方形与正方形相比，特征少了。但长方形的特征正方形都有，那么正方形就属于长方形，我们可以说正方形是特殊的长方形。

2. 从角出发弱化第二个特征。

师：继续减少，"两组对边分别平行"不变，把"有一个是直角"这个特征去掉，会出现什么情况？把想到的可能图形画下来，看看是什么图形。再跟同桌说说，这个图形有什么特征？它是怎么变来的？

生$_1$："有一个是直角"这个特征去掉，它的角可能不是直角了，但边又要平行，我画出了平行四边形。

生$_2$：平行四边形两组对边分别平行，而且对角是相等的。

生$_3$：它们两个图形的关系也是特征少了，所以平行四边形变得更一般了，长方形是特殊的平行四边形。

小结：平行四边形与长方形相比，特征少了。但平行四边形的特征长方形都有，那么长方形就属于平行四边形，我们可以说长方形是特殊的平行四边形。

（三）从角到边弱化特征

（与以上过程类似。略。）

……

（四）从"两组对边分别平行"弱化特征

师：刚才我们从"邻边相等""有一个角是直角"这两个角度依次减少正方形的特征，还可以从"两组对边分别平行"出发进行研究吗？想一想，如果"邻边相等""有一个角是直角"这两个特征不变，把"两组对边分别平行"这个特征去掉，会是一个怎样的图形？你能把它画出来吗？

学生发现：要保持四个角都是直角、四条边都相等，画不出不平行的情况。

师：为什么不可能不平行？这其中起决定作用的是哪个特征？

小结："两组对边分别平行"这个特征，要和边、角的其他特征结合一起减少，才能形成新的图形。

（五）全课回顾

1. 观察梳理：根据黑板上的图形关系结构图，说说从什么图形出发，经过怎样的变化，变成了什么图形，所以图形之间有怎样的关系。

2. 逆向推导：那如果反过来看，从平行四边形出发，箭头方向向上，怎样就可以变成上面的这个图形呢？

3. 通过这样的方式研究四边形，你有怎样的认识？

……

【案例2：作为单元总结课的《梯形的认识》】

(一)复习导入引发思考

呈现已学过的图形：平行四边形、长方形、正方形、菱形。

师：这是我们已经认识的一些特殊四边形，你能说出它们的特征以及之间的联系吗？

实践：学生同桌合作，对着图形边指边说，并在桌上按它们之间的关系摆一摆。

师：正方形、长方形、平行四边形，都是特殊的四边形，它们都有两组对边分别平行，那么有没有只有一组对边平行的四边形呢？这节课我们就来创造这样的图形。

(二)梯形的产生及其本质特征的感悟

1. 从一般四边形出发进行创造。

师：这是几个一般四边形，你能添一条线，并沿着线剪下来，使它变成一个只有一组对边平行的四边形吗？

实践：生尝试，并开始推底边的平行线。

师：只能平移到这个位置吗？只能画这条边的平行线吗？

生：可以选择任意一条边，在任意位置画出它的平行线，形成只有一组对边平行的四边形。

2. 从其他学过的图形出发进行创造。

师：其他的图形呢？你也能添上一条线，并把它剪下来，形成一个"只有一组对边平行的四边形"吗？

生1：三角形中也没有平行线，所以也可以选择任意一条边，再在任意位置画出它的平行线，形成只有一组对边平行的四边形。

生2：长方形、正方形和平行四边形中有两组对边分别平行，所以要破坏掉其中一组，保留一组，就可以形成只有一组对边平行的四边形。

3. 命名并细化特征。

师：像这样只有一组对边平行，另一组对边不平行的四边形，是梯形。（出示生活中的梯形，找一找，并介绍梯形各部分的名称）梯形的边除了一组对边平行，另一组对边不平行以外，还有其他特征吗？梯形的角有什么特征吗？

实践：学生以刚才剪出的梯形为研究对象，通过比一比、折一折、量一量等方法研究梯形的特征。

生1：有的梯形还有两条腰是相等的。（命名：等腰梯形）

生2：有的梯形里还有两个直角，另两个分别是锐角和钝角。（命名：直角梯形）

（三）沟通图形之间的关系，并用合适的方式表达关系

师：想一想，这些不同类型的梯形分别是从原来的什么图形中添一条线创造出来的？

生：等腰梯形是从等腰三角形创造出来的。

生2：还有等边三角形。等边三角形任意两条边都是相等的，所以不管在哪两条边添平行线，都可以创造出等腰梯形。

生3：直角梯形是从原来有直角的图形中创造出来的，直角三角形、长方形、正方形添一条线都能变成直角梯形。

师：一定要原来的图形中有直角吗？如平行四边形呢？

生：不是的，可以画一条跟平行边垂直的线段，就创造出了直角。

师：今天我们学习了梯形、等腰梯形、直角梯形，能不能也像以前一样用集合圈来表示它们之间的关系呢？四边形的大家庭，又多了新成员——梯形，这些四边形的关系你也能用箭头图来表示吗？

实践：学生画一画，说一说。

……

1. 图形概念教学育人价值的开发。

这两节课的设计，都是基于苏教版教材四年级下册第五单元《平行四边形和梯形》的全新思考，都是以单元知识结构为基本出发点，分别从几何概念的逻辑展开、数学史界定、教育心理的运用和数学教学展开的角度进行了各有侧重的策划，以充分开发概念教学的育人价值。

认知心理学家奥苏伯尔指出，学生的认知结构是从知识结构转化而来的，是学习者将学科知识结构在头脑中内化和重组的产物。"结构教学"要求教师从数学知识体系高度"结构化"的特点和学生认知结构的形成、发展规律出发，对教材的表层结构和深层结构进行提炼和组织，进而形成一定的层次结构。这些结构在后续的学习中作为工具再一次被提炼和组织，形成新的结构，成为新的学习工具……以此不断上升，在学生大脑中形成更加完善的认知结

构，进而更好地实现数学学科独特的育人价值。简言之，教师要对数学的知识结构、教学的方法结构和过程结构进行深度解读，帮助学生从整体上掌握数学知识、获得学习方法、优化思维方式，自觉地把业已掌握的知识提炼成原理性结构并转化为探索未知领域的工具，成为知识、能力和方法的主动建构者和创造者。这，便是结构教学独特的育人价值。这两节课的设计都体现了对"结构"的理解，体现了"结构教学"的育人价值。

结构的形成有三种方式可供选择：遵循、调试和引进。很显然，案例1《认识四边形》的教学设计，是运用引进的方式，在"课程整体"与"整体教学"的视野下，将教学内容按照学校或教师的规划进行增添删减、优化组合，实现教材与教材、学科与学科之间的互相借鉴和联系，从而建构"单元知识结构"。它是在具体的平行四边形、梯形的特征认识之前，安排的一节"单元整体感悟"课。教学从特殊图形——正方形入手，通过对其边、角特征的渐次弱化，推导出其他四边形，从而理解和感悟图形之间的关系，初步认识概念同化的学习方式，并在为发现的特殊四边形命名的过程中，感受它们的特征。这样一种"整体感悟→局部突破"的单元学习安排，学生可以在整体把握知识内在关系的基础上，依据知识内在关联展开局部知识的自主学习和主动建构，是对学生概念认识方式的渗透，对数学逻辑思维的历练，对后续自主学习每个图形的具体特征的奠基。

而案例2《梯形的认识》是运用调试的方式，依据教材但又不仅仅局限于教材的内容编制结构，是对教材内容进行重新理解、重新单元化来建构单元知识结构。在前期学生提炼出长方形、正方形、平行四边形、菱形的共同特征——"两组对边分别平行"的基础上，提出一个大胆的猜想"是否存在只有一组对边平行的图形"呢？学生就从这一猜想出发，从一般图形——一般四边形出发，在画出只有一组对边平行的四边形的操作过程中建立梯形的直观表象，感知梯形的本质特征，并在自主探究等腰梯形和直角梯形的特征及其与其他图形的联系的过程中，感悟平面图形之间的内在联系。这样"分课突破——整体梳理"的单元学习安排，在逐步渗透几何概念的学习方式和内在关联的基础上，最后通过比较、沟通，形成对整个单元内相关几何概念的整体认识和架构，学生认识逐步深化、水到渠成。

在几何概念的学习中，任何概念从来就不是彼此孤立，而是相互依存、相互关联的。引导学生在探索学习的过程中不断感受这种内在的依存和关联，在知识结构的关照下不断完善其整体和关系，建构更具基础性和迁移价值的认知结构，是结构教学的依据和指向。掌握某一领域的基本观念，不但包括掌握一般原理，而且还包括培养对待学习和调查研究、对待推测和预感、对待独立解决难题的可能性的态度。而影响这些态度的一个重要的因素是对于发现的兴奋感，即由于发现观念间的以前未曾认识的关系和相似性的规律而产生的对本身能力的自信。这是两堂课依据结构教学理念所设计的育人方案的最终价值追求，也是每一堂依据结构教学理念的教学设计的过程目标。

2. 图形概念教学策略的生成。
（1）依据不同逻辑起点，建构形概念。

概念包括两层涵义，狭义的是指本身的内涵，广义的还包括概念表征的外延，即联系其他属种概念。内涵与外延具有反变关系，也就是说某一概念的内涵扩大必然导致其外延的缩小，内涵缩小必然导致其外延的扩大。这是数学概念学习的逻辑前提，不可违背。

《认识四边形》的设计，就是严格遵循这一数学概念学习的逻辑展开的。它从最特殊图形——正方形出发，不断减少对其内涵的界定，从而不断扩大其外延的范围。由此引导学生发现：特征越多，图形越特殊；特征越少，图形越一般。箭头起点处的图形属于箭头所指的图形，它们具有包含关系。也就是说，箭头起点处的图形是箭头所指图形的特殊情况（见下图）。学生在这样的学习过程中，不仅认识了每个图形，而且逐步清晰图形之间的关系，更为重要的是，掌握了一种概念学习的重要方式。

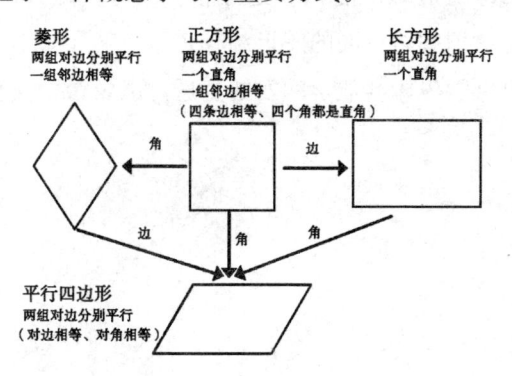

而《认识梯形》的设计，则没有完全遵循这样的生成逻辑。有研究表明，学生的数学概念认知结构并不等同于数学概念逻辑结构，学生学习数学概念，并不仅仅是学习数学概念的形式化结构，而是要经历人们创造这个概念的历史过程，是学生自主建构概念的"再创造"过程，是一种基于操作的主动建构。基于这样的认识，本课在引领学生创造"只有一组对边平行"的图形的过程中，重温梯形概念的生成过程，并在一系列操作、比较中清晰梯形概念的内涵，发展梯形概念的外延。在扩展"四边形"大家庭外延的基础上，感悟其内涵的变化。

这两节课，不论是从特殊到一般，还是从一般到特殊，至少都遵循了一点，那就是从已知图形特征出发，演化推导出未知的新图形，这是一种逻辑思考的力量和成果，也是学生数学素养发展的重要标志。

（2）依据数学史的不同界定，辨析概念关系。

就数学史而言，数学概念的内涵和外延也是发展变化的。与本单元相关的主要是"梯形"这一概念。《数学辞海》（第1卷）中给出了梯形的两种定义：①一组对边平行的四边形称为梯形。按这种定义平行四边形称为特殊的梯形。②一组对边平行而另一组对边不平行的凸四边形称为梯形。对概念的认识不同，也将直接导致教学设计的巨大差异。

《认识四边形》就是遵循了数学的逻辑，在将"两组对边分别平行"这一特征弱化的过程中，自然而然会推出三种情况：有两组对边分别平行、有一组对边平行、没有一组对边平行。而"有一组对边平行"又内蕴着两种可能：一种是一组对边平行另一组对边也平行，另一种是一组对边平行另一组对边不平行。不平行的这组边既可能相等也可能不相等。这种源于数学创造的推理，会形成与传统认识截然不同的图形结构关系（见下图）。教学也会在这样的互鉴互通中，引领学生体会数学的发展变迁，以及数学文化的包容并蓄。

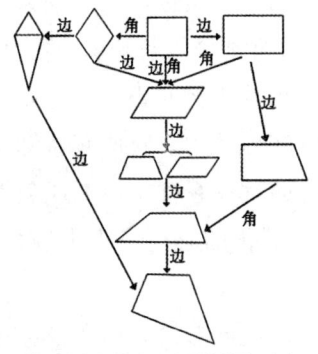

"有一组对边平行的四边形是梯形"定义
下的特殊四边形之间的关系

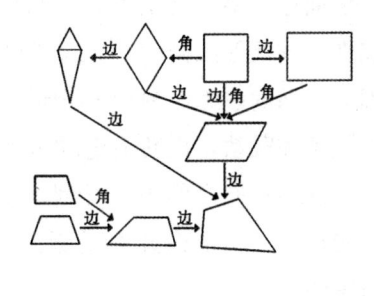

"只有一组对边平行的四边形是梯形"定义
下的特殊四边形之间的关系

依据教材"只有一组对边平行的四边形是梯形"这一本质属性展开的《梯形的认识》，则没有涉及以上概念的思辨和发展的历程。案例的设计是从"两组对边分别平行"还是"只有一组对边平行"这一典型区分开始，让学生基于已有的知识和经验，运用图形直观表征相关的数学概念，并组织适当的比较，使概念的本质属性得到生动形象的展示。在对概念的其他固有属性（边和角）进行研究的过程中，丰富对概念的认识，加深对概念的理解。与其他特殊四边形进行比较的过程，也有助于学生厘清相关概念之间的联系和区别。

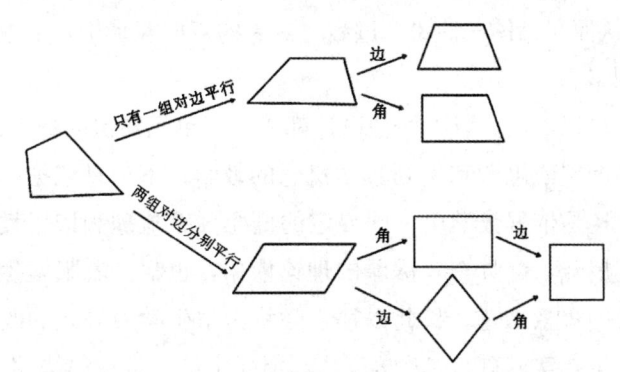

（3）依据教育心理学，展开概念生成过程。

概念教学理论大都以认知心理学为理论基础，包括联结理论，皮亚杰的发生认识论，认知同化学习理论，建构主义学习理论等，主要依靠心智既定表征，通过心智运算建构获得概念的理解，一般将数学概念的学习分为概念形成和概念同化两种。概念形成是通过向学生展现丰富的教学材料，辨别刺激模式——通过观察、类比等方法归纳出共同本质属性，通过抽象、检验确认本质属性，概括形成概念。概念同化是通过辨别分析新知识中的已知概念，思考新旧概念间的联系，通过知识的回忆，挖掘固化知识，找寻新概念与原有概念的区别和联系，把新概念纳入原有认知体系中，对原有认知结构进行重构，结合众多新概念的正、反例，使学生通过一系列指令完成新概念的理解。很显然，以上两个设计都是侧重以概念同化的心理过程来进行建构的，但又有所不同。

案例《认识四边形》的概念同化方式，是从已有概念出发，通过概念概括的方式，通过缩小正方形的内涵，分析、推演出新的一系列几何概念的本质特征。主要运用的是推理的心理过程，是从一个或几个已知判断推出一个新判断的逻辑方法，是一种常见的思维形式。推理不仅有助于学生体会从特殊到一般、由感性到理性的抽象概括过程，而且有助于他们从不同角度确认感知和想象的结果，体验概念的各种不同性质，从而丰富对相关概念的理解。

案例《认识梯形》的概念同化方式，是从当前已有概念出发，通过概念限制的方式，增加一般四边形的内涵，来明确梯形概念的一种逻辑方法。主要是依据想象的心理过程，通过对已有图形进行加工改造，从而创造新的图形。学生通过想象，实现了概念对象的"展开"；通过比较，实现了概念过程的"凝聚"，从而在具体—抽象、过程—对象的双向互动中，形成相互关联的四边形概念网络。

从对比中可以看出，以上两种设计都关注了单元知识的整体建构和认知，都能站在较高的层面思考和策划数学概念的教学，不论是依据不同逻辑起点的概念建构，还是依据数学史不同界定的概念关系梳理和依据教育心理学的概念生成过程展开，都具有较深厚的理论依据，也都是着眼学生核心素养和关键能力提升的智慧之选。长此以往，必将为学生学习方式的改变和后续学习力的培育奠定扎实基础。"教学有法，但无定法，贵在得法。"在日常的教育教学中，教师都须依据对教材的透彻理解、对知识本质的清晰把握、对所教授班级的学生情况以及自身的教学素养，选择合适的方式展开。

当然，学生能否理解一个概念，不在于能否说出它的"定义"，而在于能否把握概念的本质特征，能否在具体情境中运用概念去解决问题。这也是这两堂课注重概念生成而疏于概念运用的可商榷之处。

二、结构教学理念下的图形测量教学

"图形与几何"领域分四条线索展开：一是图形的认识，二是图形的测量，三是图形与变换，四是图形与位置。其中，图形的测量主要包括长度、面积、体积的度量概念生成和图形周长、面积、体积的计算公式推导两大部分。教材的相关内容覆盖三到十二册，一方面是引导学生在观察、操作中经历测量的过程，体会建立统一度量单位的需求，建立度量概念，并能恰当地转换和选择；另一方面要在探索和掌握基本图形周长、面积、体积的基本计算公式的基础上，运用转化的思想方法推导其他图形的计算方法。它是度量概念和计算从一维到二维再到三维的发展过程，是学生三维空间观念逐步建构和完善的过程。培养学生的几何直觉、推理能力以及认识生存的现实空间，"图形的测量"具有其独特的数学价值与应用价值。

因此，图形的测量课型可以分为两大类，一是度量概念的生成课型，二是计算公式的推导课型。这里主要以"平面图形的面积计算"为例对计算过程的推导进行具体阐述。

1. 图形测量教学育人价值的开发。

（1）以整体的方式建构学习模型。

教学，就是"让新知之舟泊在旧知的锚桩上"，为新知的学习提供最佳关系和固定点。图形面积计算从纵向来看，是以转化的形式把不规则图形的面积计算这一新知，顺应于原有的认知结构即已知的一般规则图形的面积计算之中。从横向来看，又可以以类比的形式把一个一个点状的新知同化建构成一个完整的认知结构。在起始课中，我们就可以有意识地引导学生归纳梳理学习的过程，建立清晰的探索学习的方法结构。到了后续的学习中，教师从半扶半放到逐步放手，指导学生调用学习经验，自主展开探索过程，"猜想——转化——推导——应用"的过程也就逐步成为学生内化并能自觉调用的学习经验，真正转化为学生的学习能力。

（2）以转化的策略强化直观猜想。

学生生活在信息社会里，生活中无处不见的数学现象无时不刻地进入他们的认知领域，成为他们的数学活动经验，并作为学习者原有的一部分构成进一步学习新知的"现实数学"。当拿到一个新图形、面对一个新问题时，学生会根据各自不同的生活经验和理解，进行自己的尝试。有的学生会试图画格子，数单位面积的个数；有的学生会折，即使是无意识的折也会发现能转化成其他图形；有的学生会剪、拼……这一过程，学生自己动起来了，还可以看到身边同学的操作，学生相互启发，体验转化的过程，看到转化的结果，体悟新旧转化的数学策略无处不在。

（3）以方法的体悟增强数学敏感。

当学生通过直观猜想和偶然尝试，发现转化的方法后，思维的兴奋点会始终停留在具体拼折的方法上，思维是点状的，对"为什么有些方法能转化成功""在这些活动中如何使图形之间的联系更加清晰"等问题没有追问。再到下个内容的学习时，学生的水平依然停留在自己摸索到的几种偶然成功的方法上，而没有体悟到转化成功的必然性，体悟到转化背后的道理。说到底，教师对学生动手操作和实验探究的目的和意义缺乏深层次的思考，对平面图形之间的内在关系缺乏结构分析。如何将方法通过点拨、提炼得以清晰推广呢？教学过程中，教师可以用有意识的追问和受到同学启发后再次操作体悟紧密结合，帮助学生发现和总结：都是通过特殊的线——"高"和点——"中点"才能转化成功。这个过程的演绎，是师生、生生思维的相互激发，是学生思维由直观描述走向抽象关联，并最终建立数学敏感的必经之路。

（4）以互动的推导发展逻辑思维。

众所周知，直觉思维与逻辑思维是数学思维的两种互补形式，直觉思维的培养应与逻辑的思维培养结合起来。在经历一系列操作探究后，有必要使学生的思维走向抽象概括，因为不同的转化办法，最后都可以归纳成同一个公式。学生的能力有差异，有的学生比较敏感，知识基础较扎实，反应比较快，对公式的记忆也是建立在形象的理解上，但还会有部分学生只看到一个结果。因此，虽然教材不要求学生亲自推导生成公式，但我们对公式的处理也不能简单化，可以通过师生、生生互动的方式，请学生找一找、比一比、写一写、记一记，致力于从理解到符号化的过程，从而为后续的几何学习乃至数学逻辑思维能力的发展进行积极的渗透。

2. 图形测量教学策略的生成。

尽管图形周长计算、面积计算和物体体积计算有各自的一般方法和特殊方法，但其解决问题的思路具有一致性，教学中都是从规则图形入手，让学生掌握规则图形测量计算的一般方法，再进行不规则图形的测量计算，即把不规则图形转化为规则图形，从而运用规则图形测量计算的一般方法解决不规则图形的计算问题，最后进行图形测量问题的估测与估算。因此，在教学中应注意，先渗透最上位的思想和策略，再引导学生理解和把握图形计算问题解决中一般方法和特殊方法的原理，最后才是根据原理的具体算法的掌握。

进一步分析"平面图形面积计算"这一部分知识，不难发现，长方形、正方形的面积计算是一般方法，平行四边形面积计算过程是学生第一次接触转化的思想方法，学会通过一定的途径将未知转化为已知；到三角形面积的计算就可以直接运用这一思路和方法，承上启下，适当拓展；到梯形面积的计算，学生独立运用学过的方法解决新的问题。这一过程既是学生习得知识与方法，同时转化为自身素养的过程，更是数学思想的体验和感悟过程。学生通过自主探索和逐步抽象归纳，对于平面图形面积的结构有了一定的认识，对图形之间的内在联系和相互间的转化有更深刻的体会。

（1）重建目标，拓展价值。

掌握图形的面积或体积公式，是图形测量内容的重要方面，但教学不能将主要精力放在套用公式进行计算上，以至于将这部分内容简单地处理为计算问题。因为从平行四边形的面积到三角形的面积、梯形的面积，在知识运用和思维方法上具有类同关系，可以通过教结构、用结构的方式有序展开。对于规则图形面积和体积公式的探索和应用，不仅有利于学生解决实际问题，并且对于学生认识图形的特征和图形间的相互关系，体会重要的数学思想，发展空间观念，也是大有好处的。

因此，我们把"图形面积转化"教学总目标定位为：在探索图形面积的过程中感受转化的数学思想方法，感受渗透其中的关系分析思维方式，并对图形特征和内在关系建立基本的敏感。这一系列课型的总目标和每一课的递进目标设计如表3-5所示。

表 3-5 "图形面积转化"递进目标设计

内容	长方形、正方形的面积	平行四边形的面积	三角形的面积	梯形的面积	圆的面积
年级	三（下）	五（上）	五（上）	五（上）	五（下）
总目标	\multicolumn{5}{l}{1. 学生通过剪拼、平移、旋转等方法，探索并掌握长方形、正方形、三角形、平行四边形、梯形、圆的面积公式，能正确计算它们的面积。 2. 学生通过列表、画图等策略，推导平面图形的面积公式，加深对各种图形特征及面积公式之间内在联系的认识。 3. 学生经历操作、观察、填表、讨论、分析、归纳等数学活动过程，体会等积变形、转化等数学思想方法，发展空间观念，发展初步推理能力。 4. 学生在操作、思考的过程中，提高对空间与图形内容的学习兴趣，逐步形成积极的数学情感。}
递进目标	1. 在观察、操作等活动中初步理解面积的含义。建立面积单位的概念，在实际应用中能作出初步估计与判断。 2. 探索、发现长方形、正方形面积计算公式，体验面积公式形成过程，能正确计算长方形、正方形的面积。 3. 渗透"猜想——实验——发现——验证"的学习方法，培养学生的	1. 通过实际操作、尝试，将平行四边形折叠、剪切、平移，转化成学过的长方形，了解转化在平面图形中的运用。 2. 观察总结转化的途径，发现高和中点在转化中的作用。 3. 建立利用数据比较、探索新图形与已学图形之间关系的意识，从而找到平行四边形面积的计算方法，学会字母	1. 在学习了平行四边形面积计算方法的基础上，进一步学习采用拼合、沿高或中点剪开的方法，自主探究三角形的面积计算公式。 2. 在割补、拼剪的过程中进一步体悟转化的数学思想方法，学会用数学语言把转化的方法和推理的过程清晰地表达出来。	1. 进一步运用已有方法，自主探究梯形的面积计算公式。 2. 在割补、拼剪的过程中进一步体悟转化的数学思想方法，学会用数学语言把转化方法和推理过程清晰地表达出来。 3. 回顾和总结平面图	1. 掌握图形转化或图形分割的方法，感受化曲为直和无限逼近的数学思想。 2. 能根据关系用符号表达推理的过程。 3. 回顾和总结

114

续表

				形面积计算的方法，沟通图形之间的内在联系，构建整体认知框架。	平面图形面积计算的方法，沟通直边图形和曲边图形之间的内在联系，从而更好地完善平面图形的整体认知框架。
自主学习能力、合作意识和科学探究精神。	公式的表示方式。				

(2) 明晰关系，层次推进。

为了在教学中体现和落实以上育人价值，教师要清晰把握三个层次的关系并推进，一是知识结构的内在关联，二是探究过程的层次递进，三是知识递进与学生能力发展之间的互动关系。

要对平面图形面积计算问题进行内在的知识结构分析，必须透过各图形表面的不同去寻找它们之间共有的内在本质联系。平行四边形要转化成长方形的前提是找到直角，从平行四边形的高出发可以找到直角，而平行四边形中有无数条高，所以从平行四边形的任意一条高出发都可以转化成长方形。突破常规思维定势，从平行四边形的一条斜边上任意一点向两边引垂线也可以找到无数个直角，从任意一个直角出发平移直角就可以转化成长方形，如果这一点正好是斜边上的中点，那么还可以通过翻转直角得到长方形。三角形要转化成长方形的前提也是找到直角或斜边上的中点，而三角形要转化成平行四边形的前提是找到平行线，所以可以通过两个三角形拼合或一个三角

115

形沿不同边上的中位线切割翻转得到。同理，从梯形斜边上的中点，或既从高又从中点出发，都可以将梯形转化成长方形、平行四边形和三角形。总而言之，要将图形化成长方形，一般从图形的高找直角，或者从图形某一边（或两边）的中点出发找直角。要将图形转化成平行四边形，一般从图形某一边（或两边）中点出发找平行线。教师如果能对类似的关键问题点拨到位，那么就能为后面三角形和梯形的转化做好渗透和铺垫。这实际上就是将图形之间的内在关系结构教给学生，这个关系结构为他们解决其他平面图形面积问题提供了转化的基本方法。

　　根据知识之间的结构关联性，可以循序渐进地教给学生平面图形面积计算的学习方法结构，也就是探究学习的三个具体步骤：第一步，掌握把未知转化成已知的方法，也就是从关键的点或线出发实现转化，这些经验的积累可以为学生实现转化提供具体的方法支撑。第二步，找到转化前后的关系，教师帮助学生明确"变"不是盲目随意的变，不是为了变而变，而是在"变"的基础上能找到变化前后的关系，这是很关键的一步。教师要努力引导学生发现图形转化前后，线段之间的对应关系和面积的相等关系、加倍关系、减半关系，为学生获得结论提供有力的桥梁。第三步，利用转化前后的关系推出结论，前两步的最终目的是要获得未知图形面积计算的结论。根据转化前后的关系，可以用字母或文字的符号形式来表达从已知推理未知的过程，这是发展学生逻辑思维的重要资源和手段。学生掌握了这样的学习方法和步骤，就有可能主动探究其他图形的面积计算。

　　综上所述，整个单元的知识结构是一个大的整体，每一堂课也是一个完整的探索、学习的过程。教师在教学中要充分关注学生的能力发展：一是让学生自己尝试探究方法，充分发挥学生的自主探究能力。二是通过小小组交流各种方法，畅通学生之间的交流和合作。三是在交流和反馈中发现问题，让学生面对问题，让学生自己动手操作，再次感悟。在此基础上寻找每种方法之间的联系，有意识地引导学生整体思考问题，探寻各种转化方法的异同，体会转化背后的道理。从而帮助学生整体地把握和感知方法，加深对平面图形的特征的认识，也加深对平面图形之间关系的理解，有效培养学生的空间观念。

　　（3）灵活结构，自主创造。

　　根据知识结构的整体规划和学生能力发展的现实状态，整个教学长段并不是一成不变的程式化教学。每节课都应体现目标的递进和对学生当下状态的把握，具有灵活结构的特点。

这种灵活结构性表现在两个方面：一是教学目标递进的设计决定了每节课各有其培养的侧重点。长方形、正方形的面积计算教学重在引导学生整体感悟图形最基本的度量单位和方法，区分一维周长计算和二维的面积计算之间的差异；平行四边形的面积计算重在转化策略和方法的体悟；三角形面积计算的教学重在引导学生发现图形转化前后的关系和用符号表示推理的结论；梯形面积计算重在巩固方法结构，梳理思维策略；圆的面积计算重在引导学生感悟化曲为直和无限逼近的数学思想。

二是每节课教学学生起点的差异：在平行四边形教学时，学生的差异是对转化方法和关键的差异，因此教学重在实践——体悟——再实践；在三角形的学习中，学生运用平行四边形学习中的学习方法结构和转化途径，有很多的方法，但由于所选材料也就是三角形的类型的不同，又会发现许多不同，在此基础上，教师可以引导学生根据不同的思路模仿实践，并进一步反思自己的操作结果：用这种方法一定能转化成功吗？对所有的三角形都适用吗？学生受上节课的影响，还是局限在用一个三角形上。教师可以有意识地追问，把学生的思维从上节课的转化方式中拓展出来。因此，教师不仅要根据学生的起点状态进行针对性的教学，还要根据学生的现实状态不断做出方案的动态调整，不仅要关注本堂课的目标达成情况，还要关注上节课目标要求能否在学生身上自觉地加以体现。教学的灵活结构性也就体现在如何处理这些差异和变化中。

（4）细化设计，循序推进。

以"转化探究"为主的课型，必然与直观猜想、实验操作、概括结论等基本要素相关。通过实践，我们确立了如下的实施流程：

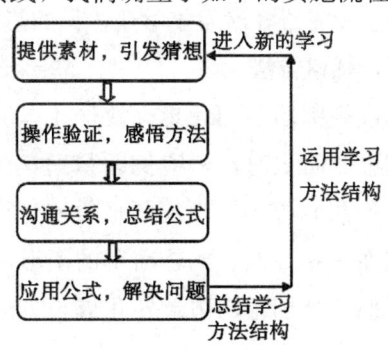

提供素材，引发猜想 → 进入新的学习
↓
操作验证，感悟方法
↓   运用学习方法结构
沟通关系，总结公式
↓
应用公式，解决问题 → 总结学习方法结构

环节一：提供素材，引发猜想

教材为学生的学习提供了操作的物质条件和方法指导，教材后附有许多平行四边形和三角形、梯形，为学生开展操作活动提供需要的图形。除了提供操作的图形，教材还在以下三个方面对操作活动给予支持：一是告诉学生到哪里去选取操作的材料。二是指导学生怎样操作。在三道例题中分别有"把平行四边形转化成长方形""看看与（例题中）哪一个三角形可以拼成平行四边形，拼一拼""看看哪两个梯形能拼成平行四边形，拼一拼"。三是指出通过操作应初步知道些什么。如通过长方形的面积"求出平行四边形的面积"；先求出平行四边形面积，再"求出每个三角形的面积"；先"求出平行四边形面积"，再"求出每个梯形的面积"。教材希望这些方法指导，能使操作活动有序、有效地进行，为进一步的数学思考积累感性材料。

我们在实践中还会进一步打开思路，在学生拼、折的过程中，提供的材料更加丰富，使探究具有普遍意义。一方面是数量上，鼓励学生用不同的思路大胆尝试，不怕失败。另一方面是内涵上，为学生提供各种不同的图形，如研究三角形的面积时，就提供了钝角三角形、直角三角形、锐角三角形和等边三角形、等腰三角形等，便于学生全面、科学地验证，培养学生严谨的学习态度。

在教学中，教师要引导学生寻找和发现事物的内在联系，发现隐蔽关系，对各种信息进行综合考察，作出直觉的想象和判断。于是，我们这样设计大问题：想一想，我们已经会求哪些图形的面积了？这些图形和研究的新图形之间会有怎样的联系呢？启发学生产生强烈的研究需求，并展开大胆猜想：平行四边形可以转化成长方形吗？三角形可以转化成长方形还是平行四边形呢？开放式的大问题和大量动手操作材料，以类比的方式启发直觉，以直观的背景材料激发学生的直觉思维，激发了学生探究的热情。

环节二：操作验证，感悟方法

把不规则图形转化成规则图形的思想，教材在本课之前就有过比较多的渗透。如在教学平行四边形面积时，两道例题帮助学生确立研究思路，例1通过"每组的两个图形面积相等吗"唤醒图形等积变换的思想方法——一个复杂的图形可以转化成面积相等的、比较简单的图形，这是研究平行四边形面积计算的策略。例2把一个平行四边形转化成长方形，为学生明确了探索活动的思路和方法。而平行四边形、三角形、梯形的转化方法之间没有联系，一会儿是剪切平移，一会儿是旋转拼合，学生学习比较盲目和被动。

　　研究新的数学问题，需要明确的方向和清晰的思路，即进入"定向指导"阶段。我们从平行四边形的面积计算开始重新构建教学目标和教学重点，在学生的转化过程中，除了提问"它们都是沿着什么剪的"，还可以不断追问：必须沿着高剪吗？只有这一条高吗？不沿着高也能转化成功吗？是不是所有的平行四边形都能转化成长方形？还可以通过教师示范或把"你知道吗"适当改变，改成从平行四边形两边的中点转化，把这一方法提前呈现，帮助学生从偶然的成功转化中理解转化背后的道理。学生有了把未学过的图形转化成已学过图形的意识，初步感悟到不仅可以利用图形的高，还可以利用图形的中点比较顺利地转化成以前学过的图形。学习三角形的面积计算，因为学生有了上节课平行四边形面积计算的铺垫，对于平面图形转化方式的认识有了一定的基础，就可以放手让学生先自己类比创造。可开发和利用学生的模仿能力，让他们自己利用图形的剪拼甚至是上节课老师用的转化过程的绘画等方式来寻找三角形面积计算的方法。

　　环节三：沟通关系，总结公式

　　教材在每道例题中都设计了一张表格，表格的内容都是两部分：一部分是转化后的图形的有关数据，如转化成的长方形的长、宽与面积，拼成的平行四边形的底、高与面积；另一部分是转化前的图形的有关数据，即原来的平行四边形的底、高与面积，原来的三角形（梯形）的底、高与面积。把这两部分内容设计在同一张表格里，能引导学生从数量的角度，体会图形转化前后在长度与面积上的对应联系。这张表格要安排学生独立填写，依据"形状变了，面积不变"这一原理，引导学生发现，根据转化后的已知图形面积计算公式，就可以得到原来图形的面积。

　　找关系对于学生来说是跳一跳能达到的，但是推公式，尤其是转化后内在联系比较隐蔽的，要想清楚它们各部分之间的关系已属不易，还要能够有条理地一点点代换，得出一个推导的公式，这个要求还是相当高的。教材里没有写出这样的替换过程，而是把它留给学生探索。学生从中不仅认识了新的面积公式，而且在数学思考特别是开展推理活动方面，将得到一次很好的锻炼。我们采用由扶到放的方式，具体帮助和指导学生如何将已有的面积公式进行等量替换得出新的面积公式。在"平行四边形的面积"一课，我们放手让学生自己写一写原来的计算公式，教师选择学生中有一些感觉的"半成品"作为交流的资源，用字母表示不同图形中的各部分，用弧线连一连公式中每一部分变成了什么，最后形成完整的新公式，帮助学生完善公式，同时也帮助学生完成体悟、提升的过程。

"三角形的面积"一课中，计算的推导过程是在迁移前面所学的平行四边形面积公式推导的基础上来探究的，可以再次放下去，观察有多少学生具备了独立推导能力。可以充分利用这部分学生的资源，让他们进行差异共享，相信到了学习梯形的面积公式推导时，会有更多的学生具有这样的意识和能力。得到的面积公式，既用文字表达，也用字母表达，都是具有普遍规律和应用价值的数学模型。公式的得出是建模的过程，学生经历了探索公式的全过程，就能更好地理解和掌握这些公式，这也为学生今后学习"圆面积""体积推导"甚至初中的几何知识作了铺垫。

环节四：应用公式，解决问题

几何学习的高级阶段就是学生遇到需要综合应用早先阐明的概念和关系来求解的问题时，能对所作的问题和自己的解法作出反思和说明，即"自由定位"，并能对所学到的所有知识作出总结，将其整合到一个易于描述和应用的网络之中，这样，学生的几何思维就上升到了一个新的水平。

因此，教学中要设计有层次的练习。基本练习中一般都有三方面的内容，一是加强对面积公式的理解，突出公式中最关键的成分；二是应用公式求图形的面积；三是解决与面积计算有关的实际问题。综合练习则引导学生走出书本，走出教室，走进生活，寻找并解决与面积知识有关的实际问题。还要有意识地把图形的认识、测量长度的方法和计算面积的公式等多方面知识融为一体，发展学生的数学意识。

教学中还要引导学生及时反思、梳理学习过程，今天我们是怎样研究平行四边形的面积的？想一想，用这样的方法还可以研究哪些图形的面积？帮助学生进一步清晰转化这一策略及转化的关键，重温方法，并进行大胆猜想，引发学生进一步探求新知的愿望。

在结构化设计与推进的过程中，教师不仅要根据学生的起点进行针对性的教学，还要根据课堂当下的状态不断做出方案的动态调整，不仅要关注学生当堂课的目标达成状态，还要关注上一节课的目标要求是否能够在学生身上自觉地体现，从而进行动态的调整和完善，使教学效果更优。

第三节 "统计与概率"教学的育人价值开发与策略研究

20世纪以来，统计与概率知识逐步进入日常生活中，成为现代公民所应具有的一种数学素质。以信息和技术为基础的当今社会，人们随时面临着各种机会和选择，往往需要在不确定的情况中，根据许多没有规律的数据，作出合理正确的选择。无论从国内生产总值到天气预报、地震与地质探矿领域，还是从人口预测到医疗卫生领域中的疾病治疗、药物疗效，统计存在于国民经济和日常生活的方方面面。因此，人们应具备从纷繁复杂的数据中搜集、整理对我们解决问题有用的信息，分析数据，根据数据信息作出推断和决策的能力。这是当代学生应具备的基本数学素质。

数学教学中"统计和概率"主要研究现实生活中的数据和客观世界中的随机现象，它通过对数据的收集、整理、描述和分析以及对事件发生可能性的刻画，来帮助人们做出合理的决策。统计与概率课程教学的目的是学会处理现实生活中的有关数据问题的方法，慢慢渗透数据分析观念。教学的目的是回归我们赖以生存的社会，为实际生产和生活服务。由此可见，"统计和概率"领域的教学，能够让学生熟悉统计与概率的基本思想方法，逐步形成统计观念，形成尊重事实、用数据说话的态度，发展可能性思维，形成科学的世界观和方法论。

一、结构教学视野下的统计教学

统计学是经济学的一个重要组成部分。虽然17世纪才出现"统计"一词，但是统计是一门古老的科学。相对于其他数学分支来说，数理统计是伴随着概率论的发展而发展起来的一个数学分支,是一个比较年轻的数学分支。它主要研究如何有效地收集、整理和分析受随机因素影响产生的数据,并根据统计结果,对问题作出推断或预测,为采取合理的决策和行动提供必要的依据或建议。数理统计起源于人口统计、社会调查等各种描述性的统计活动。《大不列颠百科全书》把统计学定义为"关于收集和分析数据的科学和艺术"。在小学阶段,统计并不是作为一个名词进行理解的,而是作为一个知识领域在小学数学教材中展现的。这部分的内容主要有数据整理、统计图表和平均数三个部分。

1. 统计教学育人价值的开发。

统计教学往往存在着教师对学段目标把握不准确,对终极目标理解不到位,对教学内容的选择难以取舍,对统计过程舍不得花时间,对统计活动组织有畏惧心理,对统计结果的分析过于教条等现实问题。而要改变现状,最根本的在于教师对统计教学育人价值的认识和深度开发。

(1) 掌握统计知识与方法。

学生在解决实际问题的活动中,以数据为核心,以获取信息为目的,亲身经历数据的收集、处理、分析过程,获得统计量的概念,掌握数据处理的方法和技能,积累统计的基本活动经验,并逐步加深对统计本身意义的理解。

(2) 渗透统计思想。

统计学教育家莫尔认为,"统计学是一种基本的探究方法,是一种一般的思维方式,它比建立这门学科的任何特殊事实或技术都更为重要"。这就是说,统计教学不仅仅是让学生掌握一些基本知识和技能,更重要的是要让他们逐步形成一种具有统计思想特征的数学思维方式,遇到与数据有关的问题,会自觉地运用统计的思想方法去思考问题。因此,在教学中有意识地渗透统计的思想方法,应当成为统计教学真正的价值取向,让学生了解统计的基本思想方法,从而使他们逐步形成尊重事实、用数据说话的态度。

(3) 培养数据分析观念。

活动中过程的经历、经验的积累、感悟的获得、意识的形成、观念的发展是统计教学的核心。通过统计的学习,学生了解,在现实生活中有许多问题应当先做调查研究,收集数据,通过分析做出判断,体会数据中蕴涵着信息；了解对于同样的数据可以有多种分析的方法，需要根据问题的背景选择合适的方法。学生通过数据分析体验随机性，了解对于同样的事情每次收集到的数据可能不同，只要有足够多的数据就可能从中发现规律。

（4）在简单的推理中发展判断和选择的能力。

小学"统计与概率"的教学目的是培养学生的数据分析观念。在实际教学过程中，教师要带领学生观察统计图表，引导学生经过推理，把握数据隐含的信息。这说明，小学"统计与概率"教学常常伴随着推理能力的培养。统计教学中的推理，依赖于对数据的整理和分析，在此基础上，结合学生的生活经验，综合各领域知识，对统计方法进行灵活选择，对统计结果进行合理判断，对统计过程进行恰当反思。这一切，都需要思维尤其是数学推理的介入。

综上，统计的本质在于数据分析。数据蕴含着随机性，统计的过程是科学性与艺术性的统一。统计教育的核心在于学生数据分析观念与随机观念的发展。

2. 统计教学策略的生成。

中小学统计的课程教学应当是一种直观的教学。就是更多地依赖于学生的经验，特别是他们曾经亲身经历过的经验，让学生从中去感悟、分析、理解、抽象，最后形成概念，学会判断。对小学生而言，无论是统计量概念的建构，统计技能策略的掌握，还是统计思维观念的形成，都必须在活动全过程中亲身经历，以获得直接的体验和感悟。因此，统计观念的建构必须重视过程。统计思想、数据分析观念绝非等同于计算、画图等简单的技能，而是需要在亲身经历的过程中培养出来的感觉，最有效的方法就是让学生真正投入统计活动的全过程，经历数学发现的过程：发现并提出问题，运用适当的方法收集和整理数据，运用合适的统计图表、统计量等来展示数据，分析数据做出决策，再对自己的结果进行交流、评价与改进等，这对学生来说是一个活动性很强并且充满挑战和乐趣的过程，更是一种积极的情感体验。

（1）创设真实的问题情境，激发统计需求。

统计教学是从问题开始的，这个问题是整个学习过程的核心，其教学的所有流程都围绕它展开。学生对统计的学习需求往往是借助日常生活各种各样的例子开始的，例如，全班同学的平均体重、药品对某个人群的适用性、学习时间和学习成绩之间的关系等就是典型的统计问题。

　　反思传统的统计教学，教师往往习惯于直接呈现给学生一些数据或材料，要求学生按照老师指定的方法进行简单的分类或整理，然后指导学生制作相关的统计图表来表示整理出来的信息，完全忽略了让学生发现或感受统计的必要性。因而，学生对统计活动的态度是被动的，更不用谈有统计的自我需求。所以，教师在统计教学中，必须重视依据学生的年龄特点，注意从他们已有的知识背景和生活经验出发，选择现实有趣的素材并提出合适的问题以引导学生感受统计的需求。

　　如：苏教版课程标准实验教科书二年级下册"数据的收集与整理（一）"练习十第1题，重在体验统计结果在不同标准下的多样性。教师可以对教材进行教学法的再加工，在教材原场景图的基础上，做适当的改变。

教材原场景图：　　　　　　　改编后的场景图：

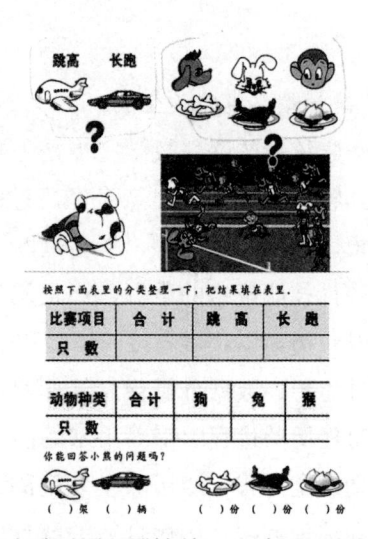

　　小熊笨笨为运动员购买礼品和特色午餐的问题情境，很好地引发了学生从不同角度按照不同标准收集信息的需求，从而让学生体会到根据不同标准来分类收集整理数据、分析数据的意义。教学片段如下。

　　师：今天，动物学校正在举行运动会，我们一起去看看好吗？（出示比赛画面）

师：咔嚓一声，摄影师把精彩的一刻留在了画面上。大家仔细观察，哪些动物参加了运动会？它们参加了哪些项目的比赛？

生：小狗、小猴、小兔参加了比赛，它们参加了跑步和跳高比赛。

师：是呀，它们有的跳高，有的长跑，个个身手不凡。

师：（出示小熊）大家再看，这是小熊笨笨，它是运动会的工作人员，它也有任务呢。你听。（播放声音）运动员都在奋力拼搏，我也要为运动会出一份力，先给每个运动员买一份特别的礼品吧，给跳高运动员买玩具飞机，给长跑运动员买玩具赛车。两种礼品应各买几份呢？我还要给每个运动员买一份特色午餐，给小狗买骨头套餐，给小兔买萝卜套餐，给小猴买桃子套餐。哎呀，这三种套餐又得各买几份呢？

师：假如你是小熊，你准备怎样来解决礼品问题，又怎样解决套餐问题呢？先自己想一想，也可以和同桌商量一下。

（生积极投入思考，交流方法）

（师指名 2～3 名生回答）

生：可以用统计的方法。

师：怎样统计呢？

生：只要数一数跳高的动物有几只，长跑的动物有几只，就能知道每种礼品各要买多少。然后再数一数狗有几只，兔有几只，猴有几只，就能知道每种套餐各要买多少。

师：哦，像他这样分类数一数的方法，也就是我们今天要学习的分类统计的方法。

数一数跳高的动物有几只，长跑的动物有几只，也就是按比赛项目来统计。数一数狗有几只，兔有几只，猴有几只，也就是按动物种类来统计。

师：下面我们就小组合作统计，小组成员一起看着画面，按表里的分类认真统计，然后决定两种礼品、三种套餐各买几份。

（生兴致盎然地开展统计活动。最终为小熊解决了问题）

……

实践证明：在统计教学中，学生对统计的需求是因为教师的指令性活动产生的，还是由于解决问题的需要产生的，这两种起因对学生的统计观念的发展有着本质的区别。教师指令下的活动至多只能培养一种统计技能。而从问题出发，为了解决问题而进行统计，能使得收集、整理数据的活动具有需求性这一现实意义，既培养了统计技能，又发展了统计观念。

（2）经历具体的统计过程，体验统计思想。

"观念"的建立需要人们亲身的经历。要使学生逐步建立统计观念，最有效的方法是留给学生足够的动手实践和独立思考的时间与空间，让他们真正投入统计活动的全过程。一些专家指出教师在开展活动性教学时所存在的几个误区：缺乏活动性；有了活动性但缺乏对活动本质的理解，活动具有开放性但开放程度失恰。教学要处理好活动性与思辨性之间的关系。对于"统计与概率"这样的内容，由于很难从理论上向学生说清楚，所以只能依靠活动让学生充分感受、体验，然后抽象，实现内化。

统计活动过程主要包括：收集数据、整理数据、呈现数据和分析数据四个主要环节。收集数据，就是围绕要求解的问题采集必要的数据，虽然小学统计教学不涉及总体与样本的概念，数据经常源于小规模的普查或观察，但在收集数据时，教师仍应引导学生确认数据收集的对象和范围。整理数据是针对原始数据而言的，包括数据筛检和分类标准的建立。筛检要求理清或删除不合理的、异常的数据。呈现数据则是以表格、条形图、折线图或扇形图表现数据，以方便数据的理解和运用。分析数据是指用数据回答我们面对的问题，或从数据得到某种判断。在一定意义上，统计就是用数据说话，一方面，数据本身不是目的，收集和分析数据的目的在于通过数据求解问题，或帮助求解问题；另一方面，数据本身没有价值，数据的价值在数据背后，在数据能说明的东西。所以，根据数据作出判断是统计最为重要的环节。

苏教版课程标准实验教科书二年级下册"数据的收集与整理（一）"例2，统计的内容由确定性发展到随机性，要求学生在活动中学会用画"√"等方法整理数据，并体会记录方法的优势。教学这节课，可以通过创设问题情境，让学生在统计活动的体验中、矛盾的不断产生中学习，经历由浅至深、由模糊至清晰的学习探究过程，即从随意盲目地听记统计到有的放矢地笔录统计的过程，最终使学生在自主探索的基础上掌握记录方法。现将教学片段摘录如下。

师：森林里的小动物听说小朋友们会做陶艺，要求小狗老师也教它们做陶艺。动物们可高兴啦，它们七嘴八舌地报着自己要制作的形状。听。（播放故事录音：我做三角形的、我做方形的、我做圆形的……）小熊要给每个动物准备一个相应形状的包装盒，各需要几个呢？大家有什么办法帮帮小熊吗？

生：刚才录音放得太快了，再放一遍给我们听一听。

（重放录音，学生全神贯注地听、记）

师：听清楚了吗？现在谁能告诉小熊各种形状的盒子各要几个？

生：太多了，还是记不住！

师：看来只听还不能解决问题，能想出别的办法吗？

生：可以让动物们坐在教室里报，让小熊统计。

生：可以把动物们都请来再问一遍，让小熊统计。

生：可以让动物们按要做的形状分成三排站着，小熊再数一数。

师：小朋友想的办法都很好，都能帮小熊解决问题。可是小动物都回教室去了，我们现在只有录音记录，怎么办呢？

生：可以再放一遍录音，我们可以在听录音的时候用笔记一记。

师：这位小朋友想到了边听边记的方法，那怎样才能记录得又对又快呢？请你们小组讨论一下。

（生兴奋地思考讨论）

师：讨论好了吗？（生：好了。）请准备好纸笔，开始！

（重放录音，学生记录）

师：大家都记录好了，谁先来交流一下你是怎么记的，通过记录，你知道了什么？

（投影展示各种记录方法）

生 A：我是听到什么就画出什么。（出示）

□△□□○……

生 B：我也是听到什么就画出什么，但我是分开画的。（出示）

□□□□□

○○○○

△△△△△△△

生 C：我是先画一个三角形、方形、圆形，然后听到什么，就在后面打钩。（出示）

□√√√√√

△√√√√√√

○√√√√

生 D：我也是先分别画一个图，不过我是在图的下面画"1"，最后数一数，各有几个"1"，就知道了各种形状的盒子要准备几个。

……

（其中画原图记录的出错较多，展示时就有学生指出来了）

师：大家介绍了这么多办法，你最喜欢谁的？为什么？

（其中喜欢先分类，再用画"√"的方法记录者居多）

师：还想再统计一次吗？（生：想！）如果我们再来记录一次，你会选哪种方法呢？

（播放录音，学生记录）

上述过程，老师设计了小朋友喜闻乐见的"小动物学做陶艺"的录音故事，营造了一个富有吸引力的随机性情境，选择"用什么样的方法能知道小动物们一共要做几个正方形、几个三角形、几个圆形陶艺？各种形状的包装盒各要准备几个"这一问题作为切入点，使学生以积极地寻求问题答案的心向，主动参与到问题的解决之中。通过活动体验尝试，学生明确，用以前的方法不能统计出结果，从而产生了要"记下来"的想法。这样，学生对用记录的方法统计随机性事件的必要性有了初步的认识。学生有了这样的认识后，就能主动想办法把听到的记录下来，然后通过交流各种方法，自主优化记录方法，体会到记录时注意分类，用符号记录比较清楚、方便。这层层深入的、丰富的统计活动体验，都是在学生自主产生的强烈内驱下进行的，因而其有效性、情感性是不言而喻的。

数学课堂上，老师如果能有意识地在让学生经历统计活动的全过程，使学生在经历体验的过程中不断产生认知冲突和强烈的解决问题的内部动机，使不断产生冲突、不断寻求平衡的矛盾运动过程贯穿于学生的认知活动，就能促使学生的统计思想得到逐步的发展，这也有利于发展学生的发现能力和创新精神，使学生真正成为学习的主人。

（3）加强统计的反思提升，形成数据分析观念。

学生在面对现实问题、经历统计的全过程的基础上，基于数据作出自己的判断后，还有一个必不可少的环节就是分享和沟通。这样的分享和沟通不仅可以帮助学生更好地理解统计的精髓和价值，帮助学生提升对统计课程乃至统计本身的兴趣；而且可以加强统计之后的反思与提升，有利于统计发展学生的数据分析观念，让学生通过观察和思考，对统计图表提供的数据进行符合其认识水平的分析和解释，作出一些判断和推理，培养学生从统计的角度分析思考问题的意识，从而锻炼提出问题和解决问题的能力，进一步体会统计的价值，体会统计对决策的作用，展示统计的广泛应用。

如：在学生初步接触和体验了"数据的收集与整理"后，教材会要求学生先在小组里调查每个同学最喜欢的课程、水果、体育活动等，再在全班交流。教师在教学时是这样设计的。

①提出问题。

师：老师今天也带来了两个问题。我想知道二（1）班小朋友在体育、文艺、动画这三类电视节目中最喜欢的是哪一类节目。我还想知道二（1）班小朋友在羽毛球、篮球、乒乓球这三种球类活动中最喜欢的是哪一种活动。

（生迫不及待地你一言我一语地讲开了）

②作出猜想。

师：大家都有自己的想法，把你的猜想悄悄告诉同桌。

（生很自信地把自己的猜想告诉同桌）

③实际调查。

师：怎样才能确定你们的猜想是否正确呢？

生：统计。

师：（出示统计表）那我们就当场调查统计，让数据说话。我们先统计小组情况，组员轮流说自己最喜欢的一类电视节目和一种球类活动，组长在记录表中做好记录，然后把结果整理到统计表中，最后看着统计表说说你们组的情况。

（生迅速展开小组统计活动，并能根据统计表中的数据分析小组情况）

（师巡视，记录各组数据，及时纠错）

师：哪一组上台说说你们组的情况？

（一组代表上台展示统计表，并介绍小组情况）

师：全班情况到底是怎样的呢？会跟他们组的情况一样吗？

（生七嘴八舌，有的说不可能一样，有的说可能一样）

师：那我们继续统计。马老师刚才记录了各组的数据，我们一起来整理一下。

（师生共同整理数据）

师：现在谁能根据统计表中的数据说说我们班的情况？

（生发言）

④验证猜想。

师：你猜对了吗？猜对的举手。

（有一半同学没有猜对）

师：有时猜测不一定可靠，得凭统计数据来说话。

⑤作出决策。

师：看了统计数据，你有什么话想对我们学校电视台的谢老师和体育课朱老师说吗？

生A：希望电视台的谢老师要多播放一些小朋友喜欢看的动画片。

生B：希望朱老师在体育课上多开展打羽毛球活动。

生C：希望学校体育室多准备一些羽毛球和羽毛球拍。

……

从上述案例我们不难发现：老师把发生在学生身边的最熟悉的两个问题作为统计学习的素材，设计了"提出问题→作出猜想→实际调查→验证猜想→作出决策"五个层次的研究活动。一开始巧借老师想了解本班级学生的两个问题来激发学生作出大胆猜测，在众说纷纭的猜测中使学生产生实际调查统计的自觉需求；学生带着自主探究的目标，开展按不同标准分类收集整理数据、分析数据的实践活动，再次体验统计结果在不同标准下的多样性；然后在小组交流、再次猜想、全班统计的基础上验证猜想，形成用数据说话的统计观念；最后让学生根据统计数据帮助电视台和体育课老师作出合理的决策，使学生在解决问题的活动经历中深刻认识到统计的价值，树立从统计角度思考问题的意识。

实践证明，统计教学必须为学生呈现合适的问题情境，让学生真正投入统计活动的整个过程，使学生在活动中感受统计的需求，不断丰富活动体验，体会统计的价值。只有这样，才能培养学生从纷繁复杂的情境中收集、处理数据，并作出恰当的选择和判断的能力，使学生逐步形成尊重事实、用数据说话的统计观念，发展数据分析观念。

二、结构教学视野下的概率教学

在 16 世纪的法国社会中，赌博游戏变得十分流行和时髦，随着游戏变得越来越复杂、赌注变得越来越大，社会上需要一种数学方法用于计算胜负及赌金的分配，这类概率游戏进入数学。在 18 世纪，概率的应用从博弈转向科学问题的解决，比如人寿保险和生物学关于生男生女的概率，使概率逐渐向学科化过渡。1933 年，科尔莫戈罗夫出版了他的著作《概率论基础》，这标志着概率的公理化，概率论成为一门严格的演绎科学，并通过集合论与其他数学分支密切联系。现在，概率论已发展成为一门与实际紧密相连的理论严谨的数学科学。它内容丰富，结论深刻，有自己独特的概念和方法，已经成为近代数学的一个特色分支。

小学数学的概率定义有两种方法，一种为理论概率，另一种为实验概率。小学数学概率教学主要从可能性出发，一是研究随机现象中的可能性，即在一定条件下进行试验或观察会出现不同的结果，而且在每次试验之前都无法预言会出现哪一个结果。相比以往的数学教学过程，学生接触到的内容都是确定事件，随机现象是学生初次接触到的不确定事件，这部分内容的教学目的，是让学生能够辩证地看待周围的事物，是义务教育阶段唯一培养学生从不确定的角度学习世界中的数学内容的部分。二是可能性的大小，是指事物发生的概率，是包含在事物之中并预示着事物发展趋势的量化指标，这部分的教学目的是使学生能够计算一些简单随机现象发生的可能性大小。

1. 概率教学育人价值的开发。

可能性是小学生初次接触的不确定现象，目标定位为：一是在具体的情境中，通过实例感受简单的随机现象；能列出简单的随机现象中所有可能发生的结果。二是通过试验、游戏等活动，感受随机现象结果发生的可能性是有大小的，能对一些简单的随机现象发生的可能性大小作出定性描述，并能进行交流。在此过程中，学生的学习能力和思维水平还可以得到许多的发展可能。

(1) 从确定思维走向可能性思维。

可能性思维相对确定性思维而言，是指针对不确定事物或现象进行比较与判断的思考过程。可能性思维具有"质疑"的特点，是所有科学研究中不可或缺的思维品质，有助于培养学生积极性的思维模式和不断超越的意识。可能性思维实际上就是介于必然性和不可能之间的一种思维状态，当支持的证据越来越多时，就偏向了必然性；当否定的证据越来越多时，就偏向了不可能。不确定因素或许是导致"可能性"难教、难学的主要原因，也是培养学生良好思维品质的契机和素材。结果的不确定性导致活动策略选择与确定具有"不可靠"的特征，结果的不确定因素还表现为不同的活动对象可能得到不同的结论，使活动结果具有"多元"的特点，这种拿不准的感觉孕育着一种重要的思维形式，即可能性思维。可能性思维的培养途径之一是开发更具开放性的资源，一个重要的途径是设计具有连续性的活动，在反复的体验和反思中不断提升。

(2) 培育概率的眼光和思维。

可能性事件与游戏规则的公平性是紧密相连的，因为一个公平的游戏规则本质上就是参与游戏的各方获胜的机会均等，用数学语言描述就是，他们获胜的可能性相等。因此，教材中的思考题就是在游戏中让学生体验等可能性，用概率的眼光和思维去观察和分析社会生活中的现象，通过游戏规则的制订和感悟，还可以在潜移默化中培养公正、公平意识，养成正直的人格。

(3) 从随机事件中发展思维品质。

概率论与数理统计是认识和理解随机世界的一把钥匙。从哲学、文化视角来看，概率具有无价的文化内涵和育人功能，它是进行唯物辩证法教育的好素材，具有辩证唯物主义认识论教育功能；它蕴含着丰富的批判性思维品质，如：态度积极的能动思维、视野开阔的独立性思维、不懈探索的创新性思维、多向考察的严密性思维、可行可控的实践性思维等，在培养人的科学品质方面具有得天独厚的功能。

2. 概率教学策略的生成。

《义务教育数学课程标准（2011 年版）》把原来分散在两个学段的概率教学的内容集中于第二学段，主要是研究随机现象发生的可能性。对于小学生来说，直接理解这部分知识是很困难的，一线教学中，教师往往设计丰富的游戏活动，让学生在游戏中学习可能性知识，有时就会出现过分注重游戏的形式，造成游戏过于丰富，教学节奏显得过快，没有让学生很好地理解可能性知识。

因此，在教学中可关注以下策略的生成。

（1）准确把握教学要求，注重对可能性的感受。

新课程标准降低了学生对随机现象的可能性学习的要求，只需要学生初步说出随机现象可能发生的结果以及感受可能性的大小，从而降低了学生的理解困难。其教学要求为：初步感受事件发生的不确定性和可能性。立足于学生的生活经验和社会常识，让学生在动手操作过程中，初步体验随机事件发生的结果，学习和游戏愉快地同时进行。学生学习做简单的实验，在记录实验结果的同时，掌握实验的操作方法。再者，教师通过一些活动让学生体会事件发生的可能性是有大小的，同时让学生用语言对一些简单事件发生的可能进行描述，加深学生对可能性的感受。

（2）加强过程经历设计，注重对可能性的感知。

在可能性的教学过程中，不是直接地把现成的知识传授给学生，而是引导学生根据教师提供的资料，积极主动地思考，独立地发现相应的问题。在教学过程中，教师设计恰当的游戏活动，让学生处于疑难和矛盾的心理状态下，从而引发学生的思维冲突，促使学生产生强烈的学习欲望，主动地探究和解决问题，在不断尝试的过程中解决问题，感受随机现象发生的可能性是有大小的，能对一些简单的随机现象发生的可能性大小作出定性描述。

以特级教师张齐华执教的一节《可能性》第一课时为例，那是学生第一次正式接触"概率"，对于"一定发生"和"不可能发生"这样的确定事件，学生是容易理解的，但是对于"可能发生"的事件，偶尔就会受到实际已经发生的小概率事件的影响，或者将主观愿望与客观事实混淆，产生与概率认识相冲突的片面结论。

张老师巧妙地设计了三个游戏活动，"摸球""放球""猜球"，将新授、练习、拓展融为一体，以既有理趣又有情趣的游戏形式，让学生在活动中体验、思辨。

其中摸球的环节是这样展开，引导学生细腻经历对"可能"的感知过程。

①认识"一定"与"可能"。

师：现在，老师这儿有三个口袋，如果你特别想从口袋里摸出一个红球，你会选择到几号袋子里去摸？

生：第3个。

师：为什么你们都选3号？

生：因为3号口袋里全部是红球。

师：全部是红球怎么了呢？

生1：随便摸哪个球都是红球。

生2：先摸哪个球都是红球。

生3：一定摸出红球。

师：1号袋里也有6个球，为什么不去1号袋里摸？

生1：因为1号口袋里没有红球。

师：没有红球就怎么了？

生：就肯定摸不到了。

师：嗯，这"肯定"用得真好。这1号口袋里一个红球都没有，任意摸一个，有可能摸出红球吗？

生（齐）：不可能。

师：2号袋好像也没人选，看来，在2号袋中好像也不可能摸出红球，你们觉得对吗？

生1：我觉得这2号口袋里有可能摸出红球。

生2：我觉得有可能摸到白球，也有可能摸到红球。

师：你的意思就是2号口袋里任意摸一个球，有可能摸到红球，是吗？

生（齐）：是。

（师结合板书：可能）

②体验可能性。

师：从2号袋里任意摸一个球可能摸到红球吗？摸摸试试看好不好？

师：课前，老师给每个小组都准备了一个袋子，里面就装了3个红球、3个白球。怎么摸呢，请听要求。（略）

师：摸球的情况到底怎样呢？有没有哪个小组愿意给大家展示一下？

（结合学生回答，展示4组的摸球情况）

第一组：白白红红白红

第二组：红白红红红红

第三组：红白红红红红

第四组：白白白白红白

师：观察一下这四个小组的摸球情况，是不是每组都有人摸到了红球？

生：摸到了。

师：看来，这2号口袋里有3个红球、3个白球，从中任意摸一个球，有可能摸到红球吗？

③思辨可能性的存在和大小。

师：老师不明白了，这2号口袋明明可能摸到红球，你们为什么偏偏都要去摸3号口袋，不去摸2号口袋呢？

生1：3号口袋任意摸一个球，都是红球。

生2：在2号口袋里，任意摸一个球，有可能摸到红球，也有可能摸到白球。

师：如果没有3号口袋，只有1号和2号口袋，你会选哪个口袋？

生（齐）：2号。

师：这是为什么呀？

生：因为1号口袋里没有红球，而2号口袋里有红球。

师：对，红球没有放，1号口袋里不管怎么摸，能摸到红球吗？而2号口袋呢？可能摸到红球是不是？

师：是的，但是有可能归有可能，到底会在第几次摸到红球，你们觉得能确定吗？

生：不能。

师：但是你们别着急。尽管没有确定，但我们相信，只要我们不停地摸下去，总会摸到。

师：像这样，虽然不能确定什么时候摸到，但只要一直摸下去，总会摸到，数学上，这就叫可能！明白了吗？

随着摸球情境的不断变化，教师引领孩子从知道"可能"到逐步加深对"可能"的理解；当面对口袋里2白、2黄、2红球，孩子争论不休时，老师及时让孩子现场继续摸，体会"只要有就有可能"；10白1红时，尊重个别孩

135

子"不相信能摸到红球"的想法，鼓励孩子回家自己多摸几次，告诉孩子"实验就是这样，它能让我们犹豫不决的想法变得坚定"。但是，实践没有到此为止，紧接着给了100白1红，显然现场实验不可能了，于是，学生思辨。这样，从少量的球到大量的球，从具体逐步抽象，孩子的概率思想在不断发展。

（3）优化组织方式设计，注重对可能性的感悟。

可能性教学过程中，教师在吃透教材编写意图的基础上，紧密联系生活实际，以学生的发展为本，采用在适当引导下的"学中玩，玩中学"的自主学习、小组合作交流的学习方法，激发学生的学习兴趣。

合作学习是指学生在小组或团体中为了完成共同的任务，有明确的责任分工的互助性学习。在小学数学教学过程中，具体的实施过程是：首先，教师明确小组合作的任务；其次，开展小组合作学习；然后，小组成果展示或汇报；最后，教师点评。在进行小组合作时，教师必须关注每一组的合作情况和活动效率，小组合作结束后，教师要对小组合作的情况进行交流，引发学生的思辨，以促进认识的提升。在此基础上教师进行及时的点评，在合作学习中促进学生对可能性的感悟。

以一节优质课的设计为例。

①创设情境。

师：石头、剪刀、布的游戏，玩过吗？谁来和我玩？

（师生游戏）

生：老师后出，不公平。

师：对啊！玩游戏得公平，那游戏的规则该如何制定呢？

②开展小组活动。

师：请你们以前后四个人为一组商量，以这个骰子为例，制订一个公平的规则，然后填在记录单里，待会儿咱们掷一次，定输赢。

（学生小组合作讨论、制订规则）

师：谁来说说你们组制定的规则情况？

生1：如果掷出4、5、6中的任意一个数字，就算老师赢；如果是1、2、3中的任意一个，算我赢。

生2：如果掷出单数，就算老师赢；如果是双数，算我赢。

师：这么玩公平吗？为什么？

生：公平。因为学生和老师赢的可能性相等。

师：那好吧，就用这个方法。

教师还可以为学生提供许多类似的数学活动，让学生通过合作学习，对掷骰子、抛硬币、转转盘等多种活动的规则是否公平进行观察、实验、猜想、验证，让学生通过小组操作、分析数据得出结论，帮助学生在数学活动中积累活动经验，培养科学的思想方法和好的数学学习习惯，并且让学生在这个过程中感悟可能性的大小和可能性的意义。

总之，一线教师通过对概率知识的原理认识和教学目标把握，加强对学生学习活动过程的经历和体验层次的设计，必将为学生的思维习惯改变和学习能力提升提供更为广阔的平台。

第四节 "实践与综合应用"教学的育人价值开发与策略研究

苏教版特有的"实践和综合应用"领域，作为数学课程的一个重要领域，并不是在其他领域之外增加新的知识，而是强调数学知识的现实性和整体性。具体地说，"实践与综合应用"是指数学与外部世界的联系、数学内容之间的内在联系，以及数学在分析和解决问题过程中的综合应用。

课标对这个领域提出了总体目标：帮助学生综合运用已有的知识和经验，经过自主探索和合作交流，解决与生活经验密切联系的、具有一定挑战性和综合性的问题，以发展他们解决问题的能力，加深对"数与代数""空间与图形""统计与概率"内容的理解，体会各部分内容之间的联系。同时，课标根据各个学段学生的特点，规定了"实践与综合应用"在不同阶段的侧重点：在第一学段，"实践与综合应用领域"侧重学生的实践活动。考虑到学生的心智发展水平和生活经验，密切联系学生的日常生活、能够亲身实践、生动有趣是实践活动的主要特征。在第二学段，在注重实践的同时，"实践与综合应用"侧重数学的综合应用。

这里以六年级下册《实际测量》实践活动的设计和教学反思为载体，对实践活动育人价值的开发和教学策略的生成进行具体阐述。

一、实践活动教学育人价值的开发

对于"实践与综合应用"活动而言，四基之一的"基本活动经验"是最直接、最核心的产物。"经验"似乎十分具体、可感，但作为一种极具个体性、内隐性的认识存在，它又似乎看不见、摸不着，在难于言表的同时又动态变化着。

小学数学实践活动中的"基本活动经验"具有独特性：第一，它带有鲜明的学科烙印，它姓"数学"。它是几千年来人类对世界进行分析、描述而逐渐建构的认识积淀，内蕴着充满情感色彩的探究和思维体验，可以说它不仅是人类的文化成果，更是经验形态和过程形态不断糅合生成的结果。第二，它需要建立鲜明的"学生立场"，它属"儿童"。它带有鲜明的儿童特点，它遵循由片面到全面，由模糊到清晰，由具体到抽象的演变过程，而儿童自身的不同生活背景、不同思维方式、不同个性特征又在过程中碰撞出各种不同的表达和理解。不难发现，数学学习的过程，就是儿童带着各自不同的经验走进人类经验的宝库，思考、实践、尝试、转化，从而汲取成长滋养的过程。第三，它还具有很强的"实践性"，它需要通过学生的亲身经历，或走出教材动手操作，或走出课堂亲近社会，用学到的知识和技能解决实际问题，从而形成更具应用价值的认识和更灵活解决问题的能力。由此可见，数学活动经验不仅是可开发的课堂资源，更是数学学习可追求的培养目标，具体体现如下。

1. 经验在客观与主观的互动中生长。

它是在主客体相互作用的基础上，鲜活的学习主体对前人所发现的显性客观材料所蕴含的隐性思想方法、思维策略、情感态度进行再发现、再创造的产物。

2. 经验在开放互动中建构。

当学生面对开放的情境，敞开多样的探究过程、思考过程、抽象过程、预测过程、推理过程、反思过程时，原有的认知平衡被打破，需要新一轮的实践、互动、分享，使之与原有的认识建立逻辑联系，从而重新架构使数学认知结构趋于新的平衡。

3. 经验在持续学习中发挥动力。

一个单元结束后所开展的实践活动，实践、探索、体悟的过程将促进包含着知识性成分、体验性成分和观念性成分的学生数学素养的整体提升，当面对新的情境、新的问题，学生就综合运用已有的、适当的经验作为基础性资源去同化这个新的情境与新的问题，获得多元的、积极的情感体验，从而更加自主、个性化地投身到后续的学习中去。

简言之，在数学教学中应用综合与实践教学方式，教师可通过数学教学中问题的提出激发学生主动参与学习的积极性，这有利于学生学习效率的提高，从而培养学生的实践与创新能力。综合与实践教学可将数学理论知识应用于实践，为学生学习兴趣的提高起到积极作用。

二、实践活动教学策略的生成

厘清了数学活动经验在数学学习和儿童成长中的重要价值，我们就以经验为"根"，以"实践与综合应用"为"枝"，有目的地积累，适当地转化和提升，让经验所生发的知识和活动生出"新叶"，让它们成为一个富有生命力的有机体，从而生出更多经验之"根"。

1. 激活：让经验从内隐走向开放。

经验是存在于个体头脑中而无法直接观察的心智表征或心智结构，作为一种心理现象，是属于个人的，是隐藏在一个人的内心深处的。正是经验的内隐性，使得我们难于把握，难以琢磨。因此，我们首先需要通过活动场景或问题情境，打开思维之窗，把这种内隐的主体性经验唤醒、激活，通过意义建构把最近发展区变成现实的发展。

比如，在六年级下册《确定位置》单元，教材安排了"实际测量"这一实践活动。我们对教材进行了研读：本课内容是用工具或目测、步测去测量相隔较远的两点间的距离。教材设计了情境图，帮助学生理解怎样用四根标杆确定一条直线，然后沿着这条直线用卷尺或测绳进行分段测量。这样的测量方式比较专业，学生在日常一般没有接触，在现实生活中也比较难操作。而目测和步测的运用则更具现实意义，学生在日常可能有所接触。因此，我们对教材进行了调整，把工具测量作为直接介绍内容，把目测、步测作为课堂实践活动，把确定位置与目测、步测结合作为综合拓展活动。

在此基础上，我们对学生进入"实际测量"学习的已有经验也进行了分析，如表 3-6 所示。

表 3-6　学生关于"实际测量"教学内容的已有经验

教材安排	二年级上册"量一量"	二年级下册"测定方向"	三年级下册"了解千米"	六年级下册"确定位置"
知识性经验	认识生活中各种常用的尺，知道测量不同物体和距离的长度，可以用不同的尺。培养初步的合理选用测量工具、灵活设计测量方法的能力。	在认识东、南、西、北的基础上，在现实场景中认识东南、东北、西南和西北。	借助熟悉的场景进一步强化千米的长度感知，了解1千米的实际长度，能够概括具体情况，比较准确地进行估计。	类比迁移已学过的八个方位词来理解北偏东（西）、南偏东（西）。在明确观测点的前提下，会用方位词和距离来描述物体的位置。
体验性经验	了解并测量"身体尺"，运用不同的"身体尺"估测不同物体和距离的长度，培养估测的意识和初步能力。	会在实际情境中用方向描述物体所在的位置，并体会物体间的位置关系，发展空间观念。	从图书、网络等途径收集关于千米的资料和信息，提高学生搜集信息和处理信息的能力，运用千米和吨的知识解决一些简单的实际问题，发展数学应用意识。	在各种学习活动中形成观察、识图能力和有条理的表达能力，促进学生空间观念的进一步发展。

续表

观念性经验	在自主测量、合作研究的过程中，培养相互合作的意识和动手实践的能力，体验学习的乐趣。	感受日常生活中方向概念的应用及其价值，在实践活动中进一步体会小组合作的意义。	培养学生有条理地表达自己的想法和观点，积极主动地与他人交流和分享。	初步感受用方向和距离确定物体位置的科学性，在自主探究活动中获得积极的情感体验，感受数学理性力量和应用情趣。

这么丰富的数学活动经验，随着时间的流逝，已逐渐积淀为学生的缄默知识，需要似曾相识的情境将其唤醒和激活。课前，教师组织学生以小组为单位，在校园里选择一段直道，先量出 10 米的距离，然后感知它的长度，并选择一个参照系，记一记。在此基础上，换一个方向，估测一下从哪里到哪里大约也是 10 米，从哪里到哪里大约有几个 10 米，然后用卷尺或测绳验证一下。通过这一系列活动，激活学生关于"观测点、方向、实际距离"的经验。

已有经验的激活，还不足以促使学生自主探究，引领学生走向新经验的构建。为此，教师还提出了一个实际问题请学生课前探究："从教学楼的东侧到西侧这段直道（20 米左右）会有多少米呢？你有哪些方法可以估测出来？"学生以小组为单位，深入实地观察、测量、讨论，上课伊始，带来了丰富的资源。

资源一：数墙砖、地砖。量出一块墙砖或地砖的长度，数出块数，就可以知道这段路有多少米了。

资源二：目测。与 10 米估测的结果对比，长一些还是短一些。

资源三：步测。测出自己一步有多长，然后走一走，算一算。

资源四：脚测。用自己的脚的长度，用脚尖顶脚跟的方式进行测量。

黑板上琳琅满目的方法和结果，学生活跃的思维跃然其上，内隐的经验通过课前开放的活动探究得到了最大程度的激活和唤醒。"这堂课到底要学什么，我们测量的结果有什么用？"这个问题毫无疑问将成为学生探究需求最好的触发点，也必将成为学生数学活动经验的新生点。

2. 再造：让经验从多元走向聚焦。

开放的活动情境，充分激活了沉睡在学生心底的各种学习经验，他们积极尝试、大胆实践、努力表达，呈现了丰富的资源。这丰富资源背后蕴藏的正是不同学生数学活动经验的不同起点和不同生长方向，形成了一个开放的学习场。

面对学生多元的思考和实践，教师设计了开放的问题情境，引导学生通过交流，针对实际测量的恰当性和精确性进行了方法聚焦，重新构建学生对于"实际测量"的认识。

师：观察同学估测的方法、结果，你有什么发现？

生1：我发现两位同学目测的结果差异比较大。

师：在对结果的精确度要求不太高的情况下，可以用目测。反之，则不太合适了。

生2：我发现有两位同学用数墙砖和数地砖的方法，结果很接近。

师：从校门口到4号楼也都是铺这样的地砖，谁愿意去数出这段距离？

生：（纷纷摇头、嬉笑）太长了，太麻烦了。

生3：我发现有几位同学都是用步测，结果也各不相同。

师：他们是怎么步测的呢？请他们来演示一下。

（一生跨大步，一生自然步态，一生脚尖顶脚跟测量）

师：现在想请这几位同学用这样的方法到操场走一圈，测量一下操场的长度，好吗？

生：（笑）不好！

师：看样子要进行步测的话，还是要像平常走得那样自然，步子不要太大或太小。同时为了使我们测得的结果更科学，不妨多走几趟。

在意见达成一致的情况下，教师告诉学生，教室门前的走廊大约长10米，请学生去走一走，算一算。

5分钟后，学生通过亲身尝试，并通过"路程÷步数＝平均步长"算得了自己的步长，找到了自己随身携带的又一把尺子，兴奋和自豪之情溢于言表。

在此过程中，开放使新旧经验相互作用，学生作为学习的主体进行着主动建构。也正是由于经验的多样性，才产生了数学学习的差异性和互动性，学生基于经验，超越经验，获得了知识、能力和素养的多元提升。通过过程的体验，他们也对数学学习有了更高的追求。

3. 升华：让经验从感性走向理性。

课堂短短十五分钟的交流和探索，就使学生积累了在实际情境中测量的经验。这时，教师设计了更为开放的拓展实践活动，带着学生走出教室进行"探宝寻踪"，引导学生综合运用数学活动经验，拥有更多因感性活动而生成的丰富体验，在此基础上指导学生体悟方法，积累数学思考，反思提炼活动经验，并对以后类似情境与活动起指导作用。

教师首先把学生分成A、B组，以小组为单位依据"确定位置"和"实际测量"的相关知识设计藏宝方案，藏好宝物，并撰写藏宝线索：以（　　）为观测点，在它（　　）偏（　　）（　　）方向大约（　　）米处。祝寻宝成功！

学生依据校园中的实际场景，精心设计观测点，测量角度、估测距离，藏宝寻宝，每一位学生全身心投入，忙得不亦乐乎。这个活动不仅综合了测量的相关知识，还与有关方位的知识融合起来，凸显了"实践与综合应用"的课程价值。走出教室的课堂热闹非凡，不仅有活动的兴奋，更有一波未平一波又起的"发现问题——争论思辨——突破问题"的思维高潮。学生在活动中丰富的感性体验不断提升为理性的认识和思辨：在思考怎样藏更隐蔽的过程中，运用确定位置的相关要素进行设计；在以大松树为观测点进行角度测量却发现没法使量角器实现"点对点"的时候，利用射线的特征，尝试画反向延长线；在没有找到宝物的时候，反思步测的误差，扩大寻找的半径……最精彩的是最后的交流环节，学生反思种种失败原因，既找到了与本课步测相关的因素，也勇敢承认了自身的不严谨带来的错误，更反思了团队分工合作的必要性。

可见，针对学生的心理需求，设计适合主动探究、实践验证的体验活动，就能为学生提供经验重组、策略选择和对比分析的实践平台，让学生在活动中挖掘思维深度、拓展思维广度，在感性的趣味活动中实现理性的智慧升华。

"实践与综合应用"领域的设置在改变学生的学习方式，提高学生解决问题能力，培养学生的实践能力和创新意识以及改善师生交往等方面，都有着积极的、不可替代的作用。

第五节 复习教学的育人价值开发与策略研究

复习课是数学课堂教学的基本课型之一，且处在知识学习过程的末端。复习的主要目的是对已学过的知识进行整理，查缺补漏、夯实基础、提高能力，形成知识结构体系。更重要的是让学生对知识有更高层次的理解与把握，对已学知识及其过程进行重构。好的复习课能有效地弥补新知识学习过程中存在的问题，可从知识体系、数学思想、学习方法、数学活动经验等方面进行思考和实践，提高学生数学学业质量，提升学生学习品质。

一、结构教学视野下的单元复习教学

单元复习课是指一个单元新授教学任务完成后，对本单元所学知识内容进行复习整理的课型，是复习课教学中涉及内容与容量较小的一类。单元复习教学，要组织学生对整个单元的知识进行整理与反思、归类与对比，使之形成系统，并通过必要的训练，使学生进一步掌握本单元所学的知识，同时提高学生相应的数学能力和数学素养。因此，单元复习包含三个方面的意义：复习，唤醒记忆，对知识的具体内容温故知新；整理，梳理知识的来龙去脉，沟通知识间的联系，辨析知识间的差异；提升，对当前所学进行第一次系统化梳理，将其中的知识结构、思想方法、活动经验等进一步清晰化。通过复习整理，学生可以对所学的点状知识进行整体的把握，形成知识整体框架性结构，实现认知过程结构化和方法学习结构化，因此，单元复习也是学生个体个性化占有知识的学习能力的体现和提升。同时，随着年级的增长，学生的这种整理和结构化的能力是呈递进性发展的。

1. 单元复习教学育人价值的开发。

日常教学中，因对复习课的价值理解与把握不到位，教师常常会把复习课与练习课混在一起，具体表现在：一是整理简单形式概括，教材从四～六年级每个单元安排的"整理与练习"形式都大致相同，教师几乎都会依据教材提类似的几个问题，简单的同一层次重复让学生缺少激情与兴趣，也缺少了相应的能力提升。教师缺乏针对年级特点、单元知识特点进行再加工的意识，也就缺失了对不同年龄阶段孩子的目标要求。二是练习简单重复叠加，教师往往只是在教材安排的练习基础上，根据学生的困难添添减减，缺少进一步的加工和设计。对于学生个体来讲，思考仍然缺乏完整性和条理性，要形成知识的框架很困难，也就更谈不上认知过程和方法学习的结构化。

基于以上分析，不难发现，单元复习蕴含了丰富的育人价值，与当前教学存在较大差异，还需充分开发。

（1）重构数学知识体系。

学生经过一个单元的学习，知识容量就会增加，如果这些知识是零散的，那么在学生头脑中是很难有效存贮记忆的，更难以提取和应用。这样的知识对于学生个体来说，只是一种外部的存在。所有的知识只有经过学生消化并转化成其原有知识结构的一个新部分时，才是有生命和有力量的。单元复习课就是要对一个阶段学习的内容进行梳理，帮助学生把已学过的知识与其原有的知识结构进行对接，并形成新的知识结构。

（2）积淀数学思想方法。

数学思想方法是数学的精髓，对数学思想的理解与感悟需要日积月累才能达成。但这些点滴的积累，如果没有及时予以明晰或找到固着点，不用多久就会被遗忘。而单元复习是对已学习内容进行整体观照，通过螺旋递升，引导学生对思想方法进行重构。

（3）沟通数学学习方法。

教师在教学过程中都是基于自己对学习内容的理解，采取相应的方法进行教学，却较少明确地教给学生学法，这是导致学生离开教师就不会学习的主要原因。为此，在教学过程中，教师应重视学生学法的指导，让学生运用老师所教的方法来学习。单元复习不仅要让学生对知识进行复习，更重要的是要引导学生基于本单元知识的特点对学习方法进行观照与梳理比,以达到对某种学习方法的深刻内化或形成学习方法体系。

(4) 内化数学活动经验。

数学活动经验是学生内化了的富有个性的知识,也是学生知识系统中最灵活、最具生长性的知识。但学生很多的数学活动经验又常常是零散、隐性的,这样的经验属于一种下位的经验。新授课帮助学生形成点状的基本活动经验,复习课要有意识地引导学生通过自我反思、相互交流等活动,将零散、隐性的数学活动经验整体化、显性化,从而促进学生的经验重构,形成更上位的数学活动经验系统。

2. 单元复习教学策略的生成。

在充分挖掘单元复习课所独有的育人价值的基础上,需通过对教学过程中教学策略的研究,提升学生的学习能力。一方面从理论层面不断学习和完善对单元复习价值的再认识,另一方面从实践层面覆盖各年级、各领域的教学实践,形成丰实而卓有成效的教学策略。

(1) 价值引领,激发自主复习的意识。

每一单元学习结束后,教师都会要求学生进行单元知识的复习与整理,但学生如果始终处于被动要求状态,这不利于单元复习价值的发挥和学生自主复习能力的提升。因此,教师一方面要让学生通过整体复习,体会到这样的梳理能使知识更加系统化、条理化,便于记忆,而对于一些有内在联系知识的沟通,则更能达到融会贯通的程度。比如:学完了"小数除法",可以请学生与"小数乘法"进行对比整理,感受两者之间在意义、方法、运用上的联系和区别。另一方面,则可以明确告诉学生,今天的"厚积"是为了明天的"薄发",每一个单元的整理能为期末复习奠定基础,而每一领域、每一类知识点的整理复习能为毕业总复习提供第一手的素材,六年级总复习时就无需再细致整理,只要把相同知识点的资料拿出来,进行必要的完善和沟通即可。这样不间断地滚雪球,到六年级的总复习时也就水到渠成了。由此,引导学生不断从被动走向主动,从盲目走向清晰。

(2) 逐步渗透,培养自主复习的能力。

每一个年级每一个单元的每一次整理,学生都在经历着重复——提升

——重复——再提升的过程。这些过程的经历与体验，是任何解题与考试都不能替代的。学生从三年级的"依葫芦画瓢"到高年级的独立搭建知识框架、选择合适的表现形式、个性化创造性的呈现，整理复习的方法不断积累，能力不断提升。学生逐步从简单罗列到整体结构化地把握知识，从寻找知识间的差异到沟通知识间的内在联系，从整理角度和形式的选择到自如地进行个性化创造和表达，学生的能力也在过程中提升。而养成的主动整理的意识、结构化学习的学习方式和学习品质，将更利于学生形成综合的学习能力，为学生个性化的自主学习奠定良好的基础，见表3-7所示。

表3-7 三～六年级单元复习递进目标设计

年级	三年级	四年级	五年级	六年级
总目标	知道复习与整理的一般方法与步骤； 了解知识整理的多种角度和多种表现形式，并能选择恰当形式表现整理的要点； 能从整体上结构化地把握知识，并能沟通各部分知识之间的联系。			
递进目标	1. 了解复习整理的基本步骤。 2. 了解表格形式。 3. 在教师引导下尝试寻找知识之间的差异与联系。 4. 能把知识要点填到复习表格中。	1. 日常渗透中了解集合式的表现形式。 2. 在教师指导下讨论并确定单元内的知识结构框架。 3. 按步骤尝试独立进行书面的知识整理，并能参照提供的范式进行调整。 4. 初步了解知识整理的评价标准。	1. 日常渗透箭头式、提纲式的表现形式。 2. 能选择恰当形式表现整理的要点。 3. 能根据知识间的共同点运用表格的形式表现整理的要点，沟通知识间的联系。 4. 能对同伴建立的一级知识结构框架进行评价。	1. 能熟练运用表格对几个单元知识进行完整综合整理。 2. 能体现对书本知识系统内化后的个性化理解。 3. 能对同伴的整理内容进行自主评价并提出修改意见。

(3) 灵活结构，提升自主复习的品质。

单元整理复习的教学，可以用"教结构、用结构"的方式展开。三年级教结构，进入整理复习的日常渗透和集中教学并举的阶段，通过"知识梳理——互动交流——评价完善"这三个环节展开。四年级开始进入用结构阶段，也可以大致按照这三大环节进行，但又不是一成不变的。可以根据不同年级、不同阶段、不同教学内容的知识结构特征以及学生的学习状态，在具体的教学实践中灵活地选择、运用和创造性地使用教学策略，设计递进性和创造性的灵活结构教学。有的课重在梳理，体现知识整体框架的架构；有的课需要整理的内容不是很多，则既要梳理整体框架结构，又侧重沟通相互联系，边理边练；还有一类就是知识之间有本质差异的对比式综合练习，重在通过习题辨析复习，凸显本质差异。从四年级到六年级，学生的复习评价也有了递进的要求：内容的完整、正确——整理形式的恰当——内在联系的沟通，关注并引领学生依据评价的角度、内容，不断提升整理复习的能力。

二、结构教学视野下的总复习教学

每个学期末，都会有近一个月的时间进行集中复习，而六年级更是有将近两个月时间进行集中总复习，是小学数学教学的一个重要环节。毕业总复习是在学生学完了小学数学的全部内容后，进行一次系统、全面的回顾与整理，以达到查漏补缺、深化对知识的理解和认识、落实高层次智能目标、促进学生智能迁移的目的。然而，由于复习教学往往是"面对老学生，复习旧知识"，所以"学生听得不新鲜，教师讲得很乏味"。因此，常常会出现"以习题训练代替复习教学、以知识框架代替知识梳理、以解题数量追求教学质量"等现象。所以，怎样让学生在知识梳理的过程中获得对旧知的新认识，怎样让学生在问题解决的过程中获得新经验，并学会用数学思维思考和解决问题是总复习阶段要反思和研究的问题。

1. 总复习教学育人价值的开发。

毕业总复习要聚焦核心任务，关注价值提升，包括整体视野的提升、结构认知的提升、方法迁移的提升、解题策略的提升和综合能力的提升，从而实现数学认知与思维水平的进一步提升，为以后的持续学习奠定基础。

（1）有效促进整体认知结构的升华。

复习课上，教师首要的任务就是带领学生进行知识点的梳理和分类。因为当无序的知识点接收多到一定程度时，如果没有进行合理的梳理分类、归纳整理工作，那么学生就无法使用这些知识。零星的知识及其运用如果形成了一个网络系统，知识形成内在联系，学生就比较容易掌握知识。可根据知识的形成过程和内在联系，通过对知识的分类、整合，构建知识网络，形成知识体系，再通过知识网络形成高视角的思维结构，建立整体意识和统一观点。

（2）有力促进综合思维水平提升。

在数学课堂教学中，教师若能恰到好处地进行练习的设计和使用，不仅可以提高教学效果，扩充知识容量，有助于拓展学生思维的广度和深度，而且对促进学生的数学思维能力的培养很有益处。如果说一题多变是拓广思路、培养分析变通能力的有效手段，那么练习之后的沟通、反思和提炼，则是使知识系统化，提高归纳综合能力、培养应用意识的有效途径，可以让学生亲历从"变"的现象中发现"不变"的本质，从"不变"的本质中探求"变"的规律，从而激发学生的学习兴趣，进一步提高学生分析、综合、归纳能力。

（3）有效促进自主学习能力的提升。

总复习课为学生提供了很多有利于提升自主学习能力的资源。首先，不同知识内容的复习整理在整理方式、框架结构、书写表述等方面都会有所不同，这就要求学生要对在教学结构阶段所掌握的复习整理的方法结构灵活应用。其次，这一阶段最为重要的是帮助和促进学生，进行自我分析及在自我分析的基础上做出合理的选择。这些都要求学生在复习课的教学过程中，不仅要合理地接受教师的指导与意见，还要在与同伴的互动交流中学会取舍。更重要的是，在对自己的现状作合理的分析的基础上，通过不同阶段复习课的教学过程，对已有复习整理结构不断地调整、补充和完善。学会选择适合自己的复习整理结构框架和复习整理方式方法，学会对自己的学习进行管理。因此这一阶段复习课教学对学生提出了更高的学习能力要求，同时也为其提升自主学习能力提供了很多有力的资源。

2. 总复习教学策略的生成。

总复习阶段，其教学的主要任务也有着自身的独特性。首先是帮助学生对各学期、各领域的复习整理结果进行横向沟通，从更加整体的视角对所学知识进行整合，将其融会贯通。其次是纵向的沟通，即要根据学生现实发展状态，尝试将各学期已有复习整理结果纳入到已有数学知识体系的结构性认知中，对原有数学知识体系的结构性认知进行适当的调整、补充与完善。同时帮助学生初步感知各学期、各领域所学知识内容在整个小学阶段数学知识体系中的地位及作用。

（1）整体把握，构建知识网络。

学生学习数学是一个漫长的过程，在一个课时一个课时的累加式学习过程中，他们很难看到数学知识的整体脉络。一节好的复习课，除了查漏补缺等基本功能之外，还有一个很重要的价值，就是帮助学生建立一个较为完整的数学知识网络。而要达到这一目标，教师在研读教材时就要有一个明确的整体观。只有具备整体观，才能从知识纵横发展的两个方面研读教材，从而找到知识点与知识点之间的联结处，让学生体验到知识的整体脉络，并自主构建完整的知识网络。例如，在进行"图形与几何"领域的复习时，考虑到这一领域知识点多、学习时间跨度长的实际情况，教师可以先让学生通过回忆或看书，列出本领域学习了哪些知识点；然后，引导学生分组展开讨论，交流各自的整理结果，并把整理结果写在白纸上；最后，将各小组的讨论结果进行全班交流，从中寻找出一个最佳的整理方案。

类型	名称	示意图	特征	相关计算	实际运用	沟通联系
平面图形						
立体图形						

再如，在"数与代数"领域，总复习的量和涉及的范围更大，也可以在整体梳理知识框架的基础上，尽心适当分解，对每一个不同数域、不同类型的运算进行更为深入、细腻的整理。仅以一种运算而言，就可以依据参与运算的数的变化，从口算、笔算、估算、简算这几个维度进行意义、算理、算法等方面的梳理。

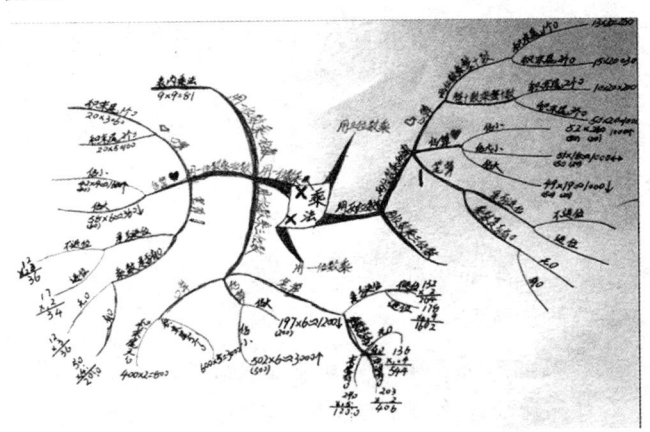

这样梳理，既能使学生对相关知识深入了解，又能使学生感受到每一个知识点不是孤立存在的，而是相互联系的。同时，在梳理的过程中，学生不但体验了建构知识网络的方法，而且也锻炼了建构知识网络的能力，促进了数学能力的发展。

（2）巧设情境，促进深度应用。

一节好的数学复习课，不仅可以让学生巩固已学的知识，查漏补缺，还应当重在知新，提高数学知识在实际生活中的应用能力，培养更好的数学思维品质。情境教学因其独特的优势，能把抽象的数学具体化，提高学生学习的主动性和创造性，并有利于教师及时调整，产生针对性的教学策略和方法，成为改进复习课教学的新的生长点。

适宜以一个情境贯穿始终的总复习课，总体特点是知识点少、知识脉络清晰且联结紧密。这样的课，在整理知识时容易以点带面，容易把知识点联结成串，最后集结成网。例如《图形与位置》复习课，就可以采用典型的情境贯穿始终。

具体复习环节如下。

①观察身边，激活旧知。

师：你能用学过的数学知识介绍一下你在教室里的位置吗？

学生运用"前、后、左、右、东、南、西、北"等方位词介绍自己的位置，并再次感受到位置的相对性。

②走出教室，读图回顾。

师：你能用学过的数学知识介绍一下我们的教室在校园中所处的位置吗？

教师出示校园平面图，学生借助校园内外的标志物，运用八个方位词进行描述。

师：请你说说到美术教室、音乐教室，从操场去班级和下课后经过的路线。

在这样的任务驱动下，学生主动调用位置与方向的知识解决问题，复习的同时还锻炼了学生灵活运用数学知识的能力。

③及时拓展，系统整理。

出示一张常州城区的卫星地图，请学生选择一个地点为标志，说一说、算一算到另一个目的地的线路和距离。

学生同桌合作，确定出发地和目的地，通过标注、绘制、测量，写出路线和行走距离。

整节课自始至终围绕学生身边具体的情境展开，将相关零散的知识点全部涵盖其中。随着复习的深入，学生对知识点进行了一次梳理，更为重要的是根据板书的要点，最后呈现在学生面前的是一张完整的单元知识网络图，原来分散在各处的、零乱的知识点全部在网络图上归位了。

（3）练习拓展，促进思维提升。

总复习课中，梳理归纳是第一个层次，练习深化也必不可少。在总复习课上，可以用题组练习的方式，即把一个已有的起点题进行系列改编或变式，形成一组题或一个题链。这样的题组或题链绝不是简单机械的重复训练题，与题海式训练题截然不同，它有一定的系统性、针对性，有明确的考查目标和培养方向，有利于多方面地促使学生对知识本质的认识，有利于对各种数学思想方法的熟练掌握，有利于培养学生思维的灵活性和深刻性。

题组的编制方法如下。

①变条件。即对习题的条件或问题进行变换、增加条件或问题，或将条件与问题置换。它能从多个角度来研究问题，同时加深学生对知识的系统理

解，增强学生解题的应变能力，培养学生思维的灵活性和想象力。

②变图形。如由等腰直角三角形变为等边三角形、直角三角形或一般三角形，将三角形变为四边形等。图形的改变能使思维角度、解决方法、涉及知识以及能力的要求发生变化，但不会改变所要考查的数学本质。

③变题型。主要指将封闭性问题改为开放性的探索题，将静态题变为动态题等。题型的变换也是思维方式的变换，它既侧重对有关知识的复习，又能活跃思维、强化思想方法的掌握，对复习效果的提高起到一定的作用。

④变角度。用变换角度的策略去编制题组，其作用是使学生学会变换角度去认识知识和思考问题，特别是对相互之间联系密切并经常相互转化的知识内容，采用变换角度、形成链状的变式题组来复习，将会达到事半功倍的效果。它不仅使相关的知识（包括方法和技能）自然、顺畅、扎实地联系起来，同时还使知识得到深化和发展。

⑤变情境。对于应用性问题的复习，关键是如何引导学生理解题意，建立数学模型。因此，应选择一些具有代表性的应用题，根据当前课程改革的要求拓展其内涵，赋予其有时代气息的实际内容，并且可以将同一种建模形式换上不同的实际背景，形成题组训练后让学生感悟如何建立这类问题的数学模型，起到提高解应用问题的能力的目的。

总之，总复习题的设计，要立足学生的知识基础和可能困难，着眼于学生思维能力的发展和学习能力的提升，特别要注重学生创新思维的培养。

综上，复习课教学作为小学数学教学的基础课型之一，于学生主动健康发展的价值是独特而具体的，不同阶段的复习课，有其不同的育人价值，教学中也就有不同的原则、策略和过程。将复习课独特的育人价值转化到小学六年的长程教学中，并将其从教师的观念认识转变为教师的教学行为，进而再转变为学生成长与发展的现实的前提与基础，是复习课教学研究不断追寻的目标。

后　记

结构，孕育成长的伟力

1995年，我从南通师范毕业，来到常州市第二实验小学。很庆幸，我在这里遇到一群质朴、进取、智慧的同伴，我们一起携手建设学校、成就学生、成长自我。很庆幸，我在这里遇见"新基础教育"研究，作为一名幸福的实验教师，在课题组老师们手把手的指导下，实践和品味着鲜活的课堂；作为一名管理新手，循着管理变革的脉搏，踏着学校发展的节律，一路磕磕绊绊，在研究中成长。很庆幸，我在这里遇到几位智慧的长者，他们无私的教导和引领，使我走向发展自觉、走向整合融通、走向智慧创造。

走进"新基础"，初识"结构"之貌

初为人师的那几个年头，我懵懂感知着课堂的节奏和智慧，但因缺乏对数学学科本体性知识的系统把握而浅尝辄止地教，因缺乏对教育教学的条件性知识和实践性知识而机械模仿地学。1997年10月，邵兰芳校长推荐全体教师阅读一篇文章《让课堂焕发出生命活力》。叶澜教授对传统课堂积弊的透彻分析，引起了我们的强烈共鸣。她对积弊形成的归因，那份犀利与深刻让人震撼。她将课堂的每一个行为都提升到生命成长的高度来认识，让我心灵激荡，我似乎触摸到教师职业新的生长点。

1999年，学校加入华东师范大学叶澜教授领衔的"新基础教育"研究，我以试验辐射班级任课教师的身份，第一次走进上海，走进"新基础教育"，走进洵阳路小学，聆听张作敏老师的数学课。我第一次知道数学课原来可以生成如此的丰富，又可以将这丰富凝聚成最终的简洁，也正是这第一次，我对"新基础"的"开放、资源、互动、生成"有了切身的感受，有了跃跃欲试的冲动。

回到学校，我从模仿起步，实践着对新型课堂的梦想。那时候，从计算教学入手，我在华东师范大学吴亚萍教授的指导下执教了《小数乘法》《小数除法》，尝试着通过开放问题情境捕捉资源、利用资源，在此基础上组织学生互动研讨，思辨生成，一节课的展开结构逐步清晰。我初步体验了《认识小数》《认识分数》等数概念的整体感悟，《平行四边形的面积》《三角形的面积》等图形面积的转化途径研究，体验着教结构、用结构的神奇。在一次次反复试教、研讨、反思、重建，乃至带领数学教研组老师共同探索的过程中，我逐渐认识和理解"新基础教育"所倡导的研究性变革实践，对知识的结构关联、教学的长程设计、课堂的开放生成逐渐能够把握和类比，尤其是看到学生课堂上自发地思辨争论，课后自主地迁移梳理，教师职业所独有的创造和自豪溢满心头。

印象最深刻的，是2007年华师大"新基础教育"研究所组织的数学骨干教师研修活动，整整一个学期，每两周一次，乘火车、赶地铁到上海闵行实小、七宝明强小学等，参加"数运算""数概念"等不同主题的研讨学习。我和汪水清老师一起，扛着摄像机，捧着笔记本，不知疲倦地听着、记着、思考着……回到学校，虽然要把五天的课在四天内上完，但我们毫无倦意，总是迫不及待地通过教研活动或赶到某个年级备课组，和数学组老师一起分享看到的新设计，和老师们一起品味设计背后的新理念，并争取机会亲自尝试重建课，和老师们一起学习成长。

就这样，因为坚信，我敢于走在实践的前沿；因为自觉，我有了更多挑战的机会、发展的平台；因为结构，我的思维方式与行走方式也在发生着悄然的变化。也就在那几年，因为接触到大量"新基础"的新理念，进行了许多崭新的课堂实践变革，我和"黄金搭档"马美南老师合作写的《为学生真正架起"书本——生活"的桥梁》《求真、求全、求细、求活——小学数学"探究式教学"初探》《尊重·宽容·期待——浅谈如何在小学数学教学中培养学生积极的学习情感》等十多篇论文在省"教海探航""师陶杯""小数年会"等论文评比中获一等奖、二等奖。

在学习与实践、思考与提炼的过程中，我初识"结构"之貌。

加入工作室，探索"结构"之质

带着对数学的一份不解情缘，2005年，我有幸加入常州市王冬娟名教师工作室，与一群数学的痴迷者一起踏上"结构教学"的研究之旅。

在王冬娟校长的策划、引领下，我们从教材研读入手，把握知识结构。每次参与研讨活动前，我都会学着以点带面，从一个知识点入手，纵览教材，梳理它的前期孕伏和后续深化，从全局把握，梳理出一条清晰的主线。这个过程，让我从整体入手，对教材的编排结构有了系统的认识。

每次研讨活动，我都会再次深度研读教材，读懂每一幅插图：它反映了哪些数学信息，与学生的知识经验或生活经验是如何对接的？关注例题后每一个大卡通小卡通：它的提示和结论是怎样表达的？体现了怎样的展开逻辑？是否能给予学生最适切的帮助？思考每一道习题的设置意图，并与教学过程衔接起来：哪些放在课堂恰当的位置及时运用？哪些可以设计成怎样的练习梯度？是否还需要根据学生的状态适时补充？这样细致入微的研读方式和研讨过程，让我从教材入手，把握教学的过程结构和学生的学习结构，在扎实落实教学展开逻辑的同时，关注每一位学生的学习展开逻辑。

三年的工作室经历，我像一块贪婪的海绵，汲取着来自书本的智慧，记录着来自实践的精彩，尤其是王校长睿智的点评和工作室老师智慧的创造，引领和启发着我的日常实践从散点走向结构，从固守走向创生。

随后的三年又三年，我虽然不再是工作室的成员，但从未离开"结构教学"的研究，不论是作为编外人员还是顾问，我依然紧紧追随着王冬娟工作室研究的脚步，从"结构视野下的教材研读"到"结构教学的思考与实践转化"，直到"结构教学与专业发展的关系研究"，经历了纵向深化、横向拓展和纵横融通的研究历程，形成了对"结构教学"较为成熟、较为完善、较为系统的认识。我的思维和表达也在参与撰写王冬娟校长工作室《聚焦实践走向理性》《实践孕育智慧》《小学数学结构教学的思考与实践转化》《教学有道》等多本专著的过程中得到历练和提升。

循着工作室的研究脚步，我由表及里、由点及面，不断探索"结构"之质。结构，已逐渐成为一种稳定的思维方式，影响着我的学习方式和生活方式。

领衔新研究，转化"结构"之力

常州二实小是一所以科研为底色的学校，在这片沃土，我先后参与和负责了学校近二十年的"新基础教育"研究和省"十五""十一五""十二五""十三五"等多轮大课题的研究，也主持过校级课题"数概念教学的资源开发与教学策略研究"、市级减负增效专项课题"单元整体设计，提高教学效率"、市级重点课题"小学数学结构教学的实践研究"、省级重点课题"集团背景下教研方式的创新研究"，还主持了许许多多的管理微课题、教学微课题。在这其中，结构思想自觉"转化"，成为我的一种思维方式，一种生活习惯，逐步走向"自然而然"之境。

一是以结构的思维方式领导学校课题研究与管理。一方面，作为多轮学校大课题的主要负责人，我尝试用"结构"的思维策划课题的研究深化，从《学科育人：基于学科性的教学资源和教学策略研究》到《学科育人：基于纲要研制的教学实践变革研究》，实现了内容维度的伸展；从每个学期初的课题研究策划会到学期末的课题研究总结会，实现了时间维度的延伸；从语文、数学学科到英语、体育学科，实现了学科维度的拓展。这样的三维立体策划，有力推进了课题管理的规范和持续。另一方面，作为大课题中的一个子课题，我在"数概念教学的资源开发和策略研究"中，对1～6年级所涉及的数概念知识进行了纵向拉伸，从教材知识梳理、递进目标设计、学生主要困难和基本展开结构四个层次，形成整数概念、小数概念、分数概念结构教学一览表。在"单元整体设计，提高教学效率"课题研究中，我带领数学组老师从数概念、数运算、数量关系、形概念、形计算、独立小单元等内容出发，进行了结构化梳理，并形成了系列典型课例。

二是以结构的思维方式推进工作室新一轮研究。2016年，我成功申报为常州市名教师工作室领衔人，带领着10位志同道合的青年教师，一起踏上了"基于核心素养培养的结构教学研究"之路，继续着工作室的精彩。随着结构教学的研究推进，我们不断从"教"的视角深入"学"的领域，思考结构教学将给学生带来怎样的发展，如何基于结构教学的理念与实践，在课程实施中以结构教学独特的育人价值促进学生核心素养的发展。我们在研究中不断实践：通过引领学生对具体数学知识进行理解与拓展，生成个性理解的活动经验；通过引领学生在相关数学知识的生活化应用中，形成知识应用的创新；通过引领学生经历基于数学思考的对问题的灵活解决，渗透数学思想方法；引导学生意识到，相关思维方式的变化能触及人思维品质的提升等。在这些思考和实践中，我们以关系思维的方式，将数学学科独特的育人价值融于具体的结构教学展开活动之中，帮助学生提升数学学习的核心素养，并最终体现为数学知识技能、数学思想方法、数学能力、数学观念和数学思维品质等融于身心的一种比较稳定的心理状态。

三是以结构的思维方式触摸和尝试新思路。2018年8月～2019年6月，在叶伟锋校长的全力支持下，我有幸脱产一年，参加了常州市教育局组织的"常州市优秀教师高校访学项目"，带着我的研究项目"基于核心素养的结构教学研究"来到南京师范大学，开始了为期一年的高校访学之旅。

我的理论导师徐文彬教授长期专注于"单元知识结构整体教学设计"，这与我的研究项目不谋而合，但又在科学性、理论性方面高出一筹。他们以"生本思想"（其核心是学生自我认识）为前提，教师发展（其核心是学习与思考）为条件，紧扣学科内容、基于学科心理的课堂教学设计，以"单元知识结构"为基点，以单元知识结构的确立、学生学习心理过程的建构、教学目标重难点的把握、单元学习检测的编制、学习活动的设计等五大环节及其关系为架构，进行语文、数学、英语等学科的单元知识结构教学设计研究。在徐老师为研究生们开设的"小学数学课程与教学设计"这门课上，我跟随7位研究生和1位准博士生，每月围绕一个领域的一个单元，进行单元知识结构的比较分析和教学设计。2018年9月到11月的"小数的意义与性质""小数四则运算"研究，2019年3月的"运算律"研究，4月的"三角形和平行四边形、梯形"研究，都让我打开了视野。我既了解了基于不同版本的教材比较的基本框架，又在结构的视野下参与了课的设计。2018年10月8日，我在南京栖霞区中心小学执教研究课"小数的基本性质"，4月22日、23日两天，分别在启东实验小学和张家港崇真小学执教了"运算律"和"认识四边形"共四课时。课后我进行了及时梳理，以"认识四边形"两种不同教学设计为例，进行了"结构视野下几何概念教学的逻辑起点与展开路径探究"，分别从几何概念的逻辑展开、数学史界定、教育心理的运用和数学教学展开的角度进行了对比分析，以深度开发数学概念结构教学的育人价值。

第二学期，我有幸拜特级教师贲友林为实践导师，每周赴南京玄武外国语学校附属小学听他的随堂课。贲老师的课以学习研究单为主线，体现了"以学为中心"理念的独特展开结构。他的课看似随意，但他把每一份学习单的亮点、问题都作为课堂研究的重要资源，在课堂上有机呈现，收放自如，让我看到什么是"让学生更有准备地学"。他让学生走上讲台，在生生之间的质疑互动、师生之间的追问深化中，让我理解怎样"让学生在深层互动中学"；他的练习课、复习课，通过"我的整理、我的提醒、我的好题"，指导学生自己梳理脉络，自己提炼要点，自己出题考查。学生学习的难点、易错点就在这样的重心下移和过程集聚中得以突破，学生的新方法、巧思路也在自主研究中不断涌现，这让我把握如何进行"让学生在研究性练习中学"。这样鲜活的随堂课，带给我这个从教二十多年的"老教师"以兴奋和自豪。这样丰富的随堂课，带给我更多的是启示和憧憬。憧憬从贲老师的课堂学到更多，憧憬自己的课堂也可以有更多的生成和创造。为此，我以《自主学习，在自由与恰当之间升华》为题，记录了我的思考与感悟，贲老师将它推荐给了《教育研究与评论》。

两位专家在理论和实践方面给予我的新思考、新启迪，都引领我寻找"结构与素养"结合的新的突破口。结合所看到、所经历的研究，我从日常教学关注度还不够高的一个小切入点——估算教学出发，进行一次不同寻常的系统学习，也是一次思辨、提升之旅。我大量搜集与估算相关的文献，进行分类、阅读、摘录、整理，并结合学校原有的实践案例和自己的思考，从什么是估算、为什么估算，估算教学的现状、估算教学的育人价值和估算教学的结构化设计，进行了系统思考和梳理，完成了近两万字的论文初稿，并成功入选2019年《教育研究与评论》的专题。这一组六篇文章，在导师徐文彬教授和五位伙伴的帮助下修改完善，是"结构教学"理念和实践的一次集中呈现。

在二十多年的教学研究之路上，我循着"结构"的脚步，一路播撒，一路采撷，在学科与儿童之间努力站稳立场，在结构与素养之间寻找联结，在教书与育人之间坚守初心。所思所行虽还稚嫩，但我愿意，面对每天不一样的课堂多想一点点，面对每天不一样的学生多想一点点，面对每天不一样的思考与感悟多积累一点点，相信，作为一名教师的幸福与自豪也就会每天增加一点点。

寻找教育幸福的路上，感谢有你同行！在这本小书整理集结的过程中，王冬娟校长给了我很多很多的鼓励，更是对书名、标题、结构、文字等给出了详尽而充满智慧的建议。贲友林校长在百忙之中，为我解读他鲜活而充满创造的课堂，为我这个写书的新手提供建议和范本，并用生动而质朴的序言为这本小书增添了亮点。丁毅编辑用他热情而又精益求精的工作，让我的文字以最美好的形式呈现。我的领导、同事、家人用几十年如一日的包容和关爱，让我心无旁骛，一心向前。

有人问，一滴水怎样才能不干枯？哲学家回答说，把它放到大海里边去。诚然，我的所思所行只是不起眼的一滴水，但因为有了海的包容和支持，才保持永不枯竭的姿态，奔腾千万里，欢笑于浪尖。因此，我也愿意，倾我所有，辉映海的蔚蓝与饱满。

孙　敏

2019年6月于南师大随园